本书为2014年度海南省哲学社会科学规划课题“公共文化服务视角下海南公共图书馆发展对策研究”（项目编号：HNSK14－133）的研究成果之一，并获得“2014年度海南师范大学学术著作出版项目”（项目编号：ZZ1424）资助。

The Study on the
Development of Public Library

公共图书馆发展研究

以海南省公共图书馆为例

李冕斌　著

暨南大學出版社
JINAN UNIVERSITY PRESS

中国·广州

图书在版编目（CIP）数据

公共图书馆发展研究：以海南省公共图书馆为例/李冕斌著．—广州：暨南大学出版社，2014.9
ISBN 978－7－5668－1046－5

Ⅰ.①公…　Ⅱ.①李…　Ⅲ.①省级图书馆—发展—研究—海南省
Ⅳ.①G259.276.6

中国版本图书馆CIP数据核字(2014)第116551号

出版发行：暨南大学出版社

地　址：中国广州暨南大学
电　话：总编室（8620）85221601
　　　　营销部（8620）85225284　85228291　85228292（邮购）
传　真：（8620）85221583（办公室）　85223774（营销部）
邮　编：510630
网　址：http：//www.jnupress.com　http：//press.jnu.edu.cn

排　版：广州市天河星辰文化发展部照排中心
印　刷：湛江日报社印刷厂

开　本：787mm×1092mm　1/16
印　张：9.75
字　数：195千
版　次：2014年9月第1版
印　次：2014年9月第1次

定　价：26.00元

前 言

现代社会之所以有图书馆，而且成为一种制度安排，根本原因在于这是维持社会系统理性、和谐、有序运行的需要。现代社会的本质标志是“主权在民”——“老百姓当家作主”。当家作主的老百姓必须具有基本的价值判断能力和履行社会责任的能力，但是这两种能力不会与生俱来，必须经过后天培养才能获得。怎样培养？一是开发民智，二是普及知识与信息。由于需要开发民智，所以社会普遍建立了义务教育制度；由于需要普及知识与信息，所以社会普遍建立了以公共图书馆为代表的图书馆制度。义务教育制度和图书馆制度被称为支撑现代政体有效运行、现代社会和谐发展的两大基石。①

党的十六届三中全会提出强调经济社会协调发展的科学发展观之后，文化建设的滞后性，特别是公共文化建设的滞后性开始受到关注。为了保障和实现人民群众的基本文化权益，使全体人民共享文化发展成果，政府先后制定了一系列文化发展政策和规划，并把文化发展纳入社会可持续发展的总体规划，注重公共文化服务的普遍均等原则，强调城乡之间、地区之间的协调发展和建设覆盖全社会的公共文化服务体系。公共图书馆是公共文化事业的重要组成部分，在整个公共文化服务体系中扮演着非常重要的角色。为了保障公共图书馆事业的科学发展，政府不断健全公共图书馆发展的政策保障机制。2006 年 9 月，国家出台了《国家“十一五”时期文化发展规划纲要》，提出要抓紧研究制定图书馆法，现在《公共图书馆法》草案已由国务院法制办正式面向社会征求意见。2008 年 4 月和 8 月，《公共图书馆建设用地指标》、《公共图书馆建设标准》先后颁布并实施。2011 年 12 月 31 日，我国公共图书馆服务领域的第一个国家标准——《公共图书馆服务规范》正式发布。2013 年 1 月 30 日，文化部印发了全国第一个公共图书馆事业发展规划——《全国公共图书馆事业发展“十二五”规划》。公共图书馆建设正处在难得的发展机遇期。

---

① 李国新．图书馆制度——支撑社会和谐发展的重要基石．人民日报，2006－01－13.

海南是祖国的宝岛，其国际旅游岛建设已上升为国家发展战略。海南省第六次党代会提出要把旅游岛建成文化岛，旨在打造数字海南，建设信息智能岛，把海南建设成我国基本公共服务均等化先行区，将海南打造成中外游客的度假天堂和海南人民的幸福家园。这对海南省公共图书馆来说，既是机遇，更是挑战。海南省公共图书馆事业发展滞后，省图书馆在建省19年后才建成开馆，海南省图书馆协会2009年才成立。目前，全省市县公共图书馆有一半没有独立馆舍，经费不足，人才匮乏。海南省公共图书馆建设任重道远！图书馆事业如何才能适应海南省的社会发展，满足城乡居民日益增长的文化需求，推动全省学习型社会的建设，成为建设文化岛的催化剂，需要海南省图书馆人的未雨绸缪。笔者作为海南省图书馆协会副秘书长，这也是笔者的职责之一。基于此，笔者开始思考、研究海南省公共图书馆建设。

2012年暑假，笔者走访了2个地级市馆（海口市、三亚市），2个县级市馆（琼海市、文昌市），1个民族自治县馆（陵水县）和1个区级馆（琼山区）。2013年全国公共图书馆开展第五次评估定级工作，笔者参加了海南省公共图书馆第五次评估定级工作，对海南省公共图书馆有了全面的认识和了解。

本书根据近年来党和政府颁布的有关公共文化服务和公共图书馆政策、海南省政府出台的经济社会文化发展规划，跟踪当前公共图书馆发展前沿，借鉴近年来国内公共图书馆建设与发展研究所取得的最新成果，分析了海南省公共图书馆的发展现状与存在问题，研究探讨了海南省公共图书馆在服务体系构建、图书馆内涵建设、图书馆协会工作、全民阅读、区域图书馆联盟、图书馆立法等若干方面的问题。

本书是笔者对海南省公共图书馆未来发展的一些思考，仅属一家之言、一孔之见，若有考虑不周及疏漏之处，欢迎各位读者批评指正。

李冕斌

2014年6月

目　录

1 公共图书馆

1.1 重新认识公共图书馆

1.1.1 公共图书馆生生不息

公共图书馆，是由政府投资兴办或由社会力量支持兴办的向社会公众开放的图书馆类型，是知识资源收集、存储、加工、研究、传播和服务的公共文化空间和社会教育设施，具有公益性、均等性和普惠性的特点。①

公共图书馆是现代社会的产物。虽然对于各国设置这一机构的初衷存在多种不同的解释，但据图书馆史研究显示，它最早是作为社会教育机构而取得其存在的合理性的。在公共图书馆的发源地英国，从事社会改良的政治家和图书馆活动家正是利用公共图书馆的潜在教育价值来游说议会，并最终获得其支持。② 世界上最早的现代意义上的公共图书馆出现于19世纪中叶的英国和美国。

20世纪70年代，世界顶尖的美国信息学家兰开斯特教授出版了《通向无纸的信息社会》一书，书中预言进入21世纪以后，人类社会将会进入无纸的信息社会。③ 20世纪末，在信息革命浪潮的推动和影响下，很多人认为随着无纸化社会的来临，传统实体图书馆将走向消亡。但实际发展与此预测相反，图书馆不仅没有消亡，反而蓬勃发展起来。英国不列颠图书馆、法国密特朗图书馆、中国国家图书馆、上海图书馆、深圳图书馆等图书馆有一大批文化标志性建筑相继建成并开放，而且近两年还出现了面积达10万平方米的湖北省图书馆、辽宁省图书馆和广州市图书馆，以及6万多平方米的区级图书馆——浦东图书馆。不列颠图书馆原馆长布里安·朗（Brian Lang）博士1999年8月在上海图书馆举办的第11届国际图书馆建筑研讨会上说，未来人们更需要人与人之间面对面的交流，而图书馆好比是教堂，即使今后网络技术相

---

① 汪东波．公共图书馆概论．北京：国家图书馆出版社，2012.16.

② 邱冠华，于良芝，许晓霞．覆盖全社会的公共图书馆服务体系：模式、技术支撑与方案．北京：北京图书馆出版社，2008.1.

③ 程焕文．图书馆的价值与使命．图书馆杂志，2013（3）：6.

当发达了，人们可以直接从网上获得各种信息，但图书馆还将继续存在，因为它将成为人们相互交流信息和经验的知识殿堂。①

中山大学图书馆馆长程焕文教授在上海市图书馆学会2012年学术年会主旨报告中说道，无论互联网和移动通信技术如何发达，也不论数字图书馆和模拟现实的技术如何高超，作为学习、阅读主体的人始终是社会的人，社会的人可以远离网络享受生活，却无法远离现实，生活在网络世界里。人既然是社会的人，那么就会有面对面交流或者聚集的需要。图书馆不仅能够提供网络的知识共享虚拟空间，而且能够提供公共的知识学习现实空间，这种两者兼备的公共知识空间具有独特性和不可替代性。②“图书馆是一个生长着的有机体”，构成图书馆的三要素——人、资源和空间是不断发展变化的，而且图书馆人的责任意识与忧患意识也会促使其不断去思考、去开拓创新，使图书馆生生不息。

1.1.2 公共图书馆诠释

公共图书馆是一种制度，一种保证社会具有起码的信息公平的制度。③ 公共图书馆制度是政府为保障公民的信息获取自由而选择的一种制度安排。④ 这种安排源于公共图书馆的制度价值：公共图书馆是公民文化权利的保障制度之一；公共图书馆是社会信息公平的保障制度之一；公共图书馆是民主政治的保障制度之一；公共图书馆是社会包容的保障制度之一。⑤

公共图书馆是图书馆事业的旗帜。在各级各类图书馆中，最能体现现代图书馆理念、宗旨、原则和方法的，当数公共图书馆。公共图书馆向所有人敞开大门，为所有人提供服务，给所有人的终身学习、自主决策、自由发展创造了基本条件，在扫盲、教育、文化、信息各个层面发挥着作用。没有公共图书馆，普及知识和信息的链条就会中断，保障所有人知识和信息获取、接受、利用权利的实现就失去了基本途径。⑥

美国西雅图公共图书馆提出要使图书馆变成任何人可以在其中学习、体验新技术的学习实验室。⑦ 上海图书馆正成为举办各种重要国际会议和演讲活动的重要场所。德国前总理施罗德曾在那里作过题为“德国和中国——迈向

---

① 吴建中．转型与超越：无所不在的图书馆．上海：上海大学出版社，2012. 58.

② 程焕文．图书馆的价值与使命．图书馆杂志，2013（3）：7.

③ 范并思．建设一个信息公平与信息保障的制度——纪念中国近代图书馆百年．图书馆，2004（2）：1.

④ 蒋永福，李京．信息公平与公共图书馆制度．国家图书馆学刊，2006（2）：53.

⑤ 蒋永福．现代公共图书馆制度研究．北京：知识产权出版社，2010. 42～43.

⑥ 李国新．公共图书馆是图书馆事业的旗帜．公共图书馆，2010（1）：2.

⑦ 赵以安．国外图书馆战略规划中的信息技术．图书馆学研究，2012（20）：99.

共同未来”的演讲报告。美国前总统克林顿曾在那里与上海市民进行过座谈。金庸、余秋雨等人也曾在那里作过题为“世纪论坛——新世纪学术文化与人生思考”的演讲。已举办了700多场讲座的上海图书馆讲座中心，周围聚集着上海一批著名的理论人才，他们紧追国内外重大事件和社会热点，以讲座的形式解答人们心中的疑惑。其图书馆展厅也正成为上海重要的文化展示馆。[①] 2012年，在广东东莞举办的中国图书馆年会开幕式上，上海图书馆馆长吴建中作了题为“新常态　新指标　新方向”的主旨报告，他在介绍被称为全球的榜样图书馆、闻名遐迩的伦敦Idea Store（中文译成“概念店”）时说道，未来公共图书馆就像人们需要商店、银行、邮局和健身房一样，它是社区必备的设施，设置于社区的中心，所以人们把它称为社区的心脏。[②]

王世伟教授认为公共图书馆是一种文化，公共图书馆是人们的一种生活方式，体现了人们的一种价值观念、社会道德、公共意识、生活情趣和精神寄托。公共图书馆是一种积淀，人类社会创造了图书馆模式，其重要目的就是为了让人类的文明能够有所积淀和传承。公共图书馆是一种创意，许多公共图书馆从创建时起，就为公众提供了一个巨大的学习空间，让思想得以自由驰骋。公共图书馆是一种选择，人们在生活和工作中，一般有两个必然的选择，即住所与工作单位，而公共图书馆则是公众的第三选择，人们也称之为“第二起居室”。公共图书馆是一个学习场所，它被誉为没有围墙的学校，是社会教育体系的重要组成部分，是公众进行终身教育的城市教室。公共图书馆是一种和谐，在贫富差异的社会中，公共图书馆是一个平等免费的社会空间；在物欲横流的社会中，公共图书馆是一处给人以心灵寄托的精神家园；在喧闹浮躁的社会中，公共图书馆是一片幽雅宁静的公共绿洲；在太过于干涩的人际交往中，公共图书馆给人们带来一些水分，滋润着人们的心田；在城市化进程中，公共图书馆是一个城市老市民与新市民逐渐融合的缓冲区域。公共图书馆给寂寞孤独以慰藉，给贫穷无助以鼓励，给公共服务以基本保障，给信息公开和民主诉求搭建社会学校，通过吸纳社会捐助，也给不断增长的社会财富的公平均等以慈善分流。公共图书馆是一种服务，服务是公共图书馆存在的理由，这种服务是一种一视同仁的服务，是一种就近便捷的服务，是一种温馨精致的服务，是一种一体化、高效能的服务，也是一种可选择的多样化的服务。[③]

---

① 赵兰英，余传诗．播洒文明的“第二起居室”——上海图书馆新馆巡礼．光明日报，2001-02-15.

② 吴建中．新常态　新指标　新方向（2012年中国图书馆年会主旨报告）．图书馆杂志，2012（12）：2~3.

③ 王世伟．公共图书馆是什么？公共图书馆，2010（1）：6~8.

1.2 公共图书馆发展新理念

1.2.1 公共图书馆——“市民第二起居室”

20年前，当图书馆界正纠结于未来的发展方向，甚至怀疑图书馆将要消亡的时候，国际图联执委、荷兰鹿特丹图书馆馆长舒茨（P. J. Th. Schouts）提出的公共图书馆作为“市民第二起居室”的概念让图书馆界的眼界骤然扩大。图书馆被定位为与公众日常生活密切相关的不可或缺的空间，在这个空间里，人们可以获取信息、享受文化、学习知识、轻松休闲，可以进行人与人之间的交流，甚至可以无所事事。“第二起居室”与具有私密性的“第一起居室”的差别在于，它更具开放性和公共性，所以这一概念迅速得到了世界图书馆界的认同。①

美国西雅图市中心图书馆总馆在其阅览大厅中用醒目的大字在隔断墙板上标示出“Living Room”（市民客厅）的字样，将图书馆定位为市民的广场和第二起居室。近年来，上海图书馆在发展其服务品牌讲座的过程中，提出了“城市教室”的发展理念。②

2008年5月22日至24日，来自全国25个城市的80家图书馆代表汇聚上海，出席了由上海图书馆举办的“城市中心图书馆建设工作经验交流会”，环渤海城市圈、长三角城市圈、珠三角城市圈等三大城市圈的众多城市图书馆代表分别交流了各自的城市图书馆发展的经验和体会。本着对公共图书馆事业的热爱与追求，肩负着城市图书馆科学发展的使命，与会代表对中国城市图书馆建设的实践与未来发展愿景进行了富有创意的积极探讨，共同签署了《把公共图书馆建成城市教室和市民客厅——中国城市图书馆的未来发展愿景》。③

2011年10月20日，重庆图书馆表示他们将通过改进内部管理，创新服务方式，提高运营效率，为读者提供全方位、全流程、全天候、多样化的服务，突破图书馆服务的时空限制，把图书馆打造成重庆市民的“第二起居室”。④“第二起居室”概念生动而形象地刻画了公共图书馆在现代社会中的地位和市民心目中的价值，拉近了公共图书馆与市民之间的距离⑤，促进了图书馆的发展。

---

① 汪东波．公共图书馆概论．北京：国家图书馆出版社，2012. 363.

② 王世伟．当代全球图书馆事业面临的难题与挑战．中国图书馆学报，2008（1）：13.

③ 王世伟．上海市中心图书馆的十年发展与未来愿景．图书馆杂志，2011（1）：50.

④ 匡丽娜．重庆图书馆打造市民的“第二起居室”．重庆日报，2011－10－21.

⑤ 吴建中．21世纪图书馆新论（第二版）．上海：上海科学技术文献出版社，2003. 180.

1.2.2 公共图书馆——第三空间

“第三空间”（Third Place）最早是由美国社会学家雷·奥登伯格（Ray Oldenburg）于1989年在 *The Great Good Place*（被译为“绝好的地方”、“绝对的权利”、“第三空间”）一书中提出来的，他从社会学的角度将社会空间分成三个空间，居住或家庭为第一空间，职场或单位为第二空间，而不受功利关系限制的，像城市中心的闹市区、酒吧、咖啡店、图书馆、城市公园等称为第三空间。第三空间具有自由交流、宽松便利、积聚资源和人气等特征。2009年8月，在意大利都灵市举行了国际图联卫星会议，主题是“作为场所与空间的图书馆”。[①] 国际图书馆界提出的图书馆可作为第三空间的命题，很快被广泛接受。可见，未来的公共图书馆应该是一个具有生活化特质的地方，这个地方可以融入人类的一切文化元素，具有文化综合体的特征，而不是一个单纯获取信息和知识或接受教育的场所。[②]

“第三空间”的说法与“第二起居室”有相通之处，二者都阐明了图书馆对于个人的社会价值，但第三空间比第二起居室更明确了社会分层的图书馆准确定位以及图书馆的不可替代性。[③] 杭州图书馆正在打造“第三文化空间”，馆长褚树青认为“第三空间”这个概念对于图书馆而言过于宽泛，所以为其加了一个限定：“文化”。他说，杭州图书馆的目标，正是要打造一个集学习空间、交流空间、创意空间、展示空间、娱乐空间于一体的“第三文化空间”，“要让图书馆成为市民除家庭、单位以外最想去的地方”。[④]

21世纪的图书馆不是由机器组成的电子世界，而是温馨明快的知识乐园。除了阅读功能以外，图书馆还应该发挥信息传播的功能、终身教育的功能和文化娱乐的功能。图书馆除了书刊资料，还可以有展览厅、演讲厅、小剧场、学术活动室、影视欣赏室等各类文化设施。从今后的发展趋势来看，公共图书馆将成为社会文化和教育的中心，不同文化层次、不同年龄阶段的人都可以在其中获得自己所需要的知识和信息，人们在那里可以像在自己的家里一样亲切随意，看看书报，会会朋友。[⑤]

---

① 柯平. 重新定义图书馆. 图书馆，2012（5）：1，4.

② 汪东波. 公共图书馆概论. 北京：国家图书馆出版社，2012. 364.

③ 柯平. 重新定义图书馆. 图书馆，2012（5）：4.

④ 杭州图书馆打造“第三文化空间”. 图书馆报，2012-02-17.

⑤ 吴建中. 浅谈21世纪图书馆发展趋势. 图书馆杂志，1997（1）：37.

1.3 公共图书馆发展方向

1.3.1 国际公共图书馆的发展

开放、交流、合作是国际图书馆发展的大趋势。开放是新时代图书馆发展的主基调。近年来图书馆加大了开放力度，不仅在外形上体现了开放，如大部分图书馆新建筑都采用模数式等开放式结构，更重要的是以开放理念为指导，致力于改变图书馆传统的结构、形态和内容。近年来涌现的公共图书馆的最佳实践中，开放服务最为显著。如英国伦敦的“概念店”（Idea Store）。芬兰赫尔辛基市图书馆为筹建新馆进行了一系列调研和实验，并开设了“城市办公室”（urban office），旨在为市民提供一个舒适的工作环境。随着数字化和网络化的不断深入，图书馆将更加开放，其管理与服务也将更加多样化和泛在化，更加贴近读者的个性化需求。交流是现代图书馆突出的特征。图书馆已进入人与人、人与信息的交互时代，而评价一个图书馆是否有活力则主要看两点，一是思想交流是否活跃，二是信息流动是否通畅。图书馆要创造一种人际交流和信息交流的良好环境，让人与人、人与信息的交流始终处于活跃和畅通的状态。合作为图书馆发展打开视野。过去图书馆热衷于业界内的交流，而如今更多的图书馆开始走向社会，与其他相关机构携手合作。因为图书馆自身资源是相当有限的，所以必须有效运用社会各方面的资源。实践证明，图书馆只有与其他相关机构加强合作和资源共享，才能更有效地促进其发展。①

2012 年，国际图联发布了大都市图书馆委员会对 25 个国家的 59 个城市图书馆作的调研报告。该报告提出了衡量图书馆未来发展的四个新指标：推广活动、社会媒体、数字流通和数字咨询。②

第一是推广活动。过去衡量图书馆最重要的指标是图书外借量，随着网络化与数字化的发展，人们开始重新思考图书馆的社会价值。这些年来国际图书馆界也在努力进一步挖掘图书馆作为场所的价值，发挥其在城市第三空间中信息交流和共享的功能，重视图书馆在社区教育和文化发展中所扮演的角色。很多图书馆把推广活动作为一项重要的衡量指标。

第二是社会媒体。如今，随着传统互联网与移动互联网的进一步融合，社会媒体得到了迅速发展，并广泛应用于图书馆。据大都市图书馆委员会的

---

① 吴建中．开放 交流 合作——国际图书馆发展大趋势．中国图书馆学报，2013（3）：4～8.

② 吴建中．新常态 新指标 新方向（2012 年中国图书馆年会主旨报告）．图书馆杂志，2012（12）：3.

调查，有3/4的图书馆利用社会媒体，其中89%的图书馆利用脸谱网，80%的图书馆利用推特网，76%的图书馆利用博客开展信息服务。在中国，微博得到了广泛的应用，据《全国公共图书馆微博监测月报》统计，全国图书馆界开通了1 000多个微博，其中国家图书馆、首都图书馆、杭州图书馆等的微博都有较高的知名度。

第三是数字流通。如今图书馆开展电子书外借服务的越来越多，尤其是在美国，已经有2/3的图书馆提供电子书外借服务。随着数字阅读技术的广泛普及，数字流通必定会在图书馆界迅速发展起来。在国内，电子书外借服务从2009年开始起步，如今已经比较流行。在上海，已经有2 000台电子书阅读器在总馆和5个分馆供读者流通使用。在此基础上，上海图书馆还尝试与盛大合作，开展网络文学的借阅服务，使读者可以获取连载中的网络小说。

第四是数字咨询。信息咨询是图书馆最重要的核心业务之一。但近年来由于互联网问答机制的增强，图书馆的信息咨询量呈逐年下降的趋势。今后大量的信息咨询将在网络上进行，而数字咨询将引领信息咨询走出困境。

1.3.2 国内公共图书馆的发展

在我国，近年来，党和政府高度重视公共文化服务建设，从建设和谐社会、社会主义新农村，满足人民群众基本文化需求的目标出发，提出了要构建覆盖全社会的、比较完备的公共文化服务体系，出台了一系列文化建设方针政策和规划，启动了全国文化信息资源共享工程、国家数字图书馆工程、全国古籍保护计划等多个文化建设项目，并把文化发展纳入了社会可持续发展的总体规划。

在公共文化服务建设背景下，我国政府和图书馆界开始了新时期公共图书馆服务体系——以普遍均等服务为目标、覆盖全社会的公共图书馆服务体系——的构建工作，这在我国可谓史无前例。对此，上海、深圳、嘉兴、佛山、东莞、哈尔滨等城市已先行展开了探索。①

为了培育一批具有创新性、带动性、导向性、科学性的公共文化服务体系示范项目，充分发挥典型的示范、影响和带动作用，文化部、财政部联合下发了《关于开展国家公共文化服务体系示范区项目创建工作的通知》。示范项目申报主体以地级市（区）文化管理部门（含省直辖的县级文化管理部门）为主，2011年启动的第一批47个项目中公共图书馆建设项目就有5项，它们是浙江省嘉兴市的“城乡一体化公共图书馆服务体系建设”、重庆市大渡

---

① 邱冠华，于良芝，许晓霞．覆盖全社会的公共图书馆服务体系：模式、技术支撑与方案．北京：北京图书馆出版社，2008.3

口区的“文化馆和图书馆总分馆制”、新疆克拉玛依市的“图书馆联建、共享一体化服务体系”、陕西省铜川市的“公共图书馆服务一体化建设”和四川省攀枝花市的“‘大地书香’新农村家园工程”。

构建公共图书馆服务体系是未来公共图书馆事业发展进程中最重要的内容之一。① 图书馆正在拓展自身的社会功能，针对社会公众不断增长的精神文化需求，大力开展全民阅读活动，开展讲座、展览、培训等服务，打造社会公共文化第三空间。

2013 年 1 月，我国第一个全国性的公共图书馆事业发展五年规划《全国公共图书馆事业发展“十二五”规划》（以下简称《规划》）颁布，《规划》提出了设施网络覆盖城乡、服务网络惠及全民、数字图书馆建设与服务加快推进、文献资源保障能力不断提高、人才队伍建设有效加强、法制保障体系日益健全、管理体制机制改革创新等七个方面的分项发展目标和一系列量化指标，是未来一段时间内公共图书馆事业建设与发展的方向。

公共图书馆正在经历一场变革，正处于转型与发展中。构建覆盖城乡、服务均等的区域公共图书馆服务体系，将图书馆打造成“第三空间”，吸引更多的读者走进图书馆；加强图书馆与社会各界的广泛合作，灵活运用社会资源，推动图书馆事业的发展，对这些问题，图书馆人正在努力探索、践行中。

---

① 李国新．公共文化服务体系建设中的图书馆．图书馆研究与工作，2010（3）：5～11.

2 海南省概况

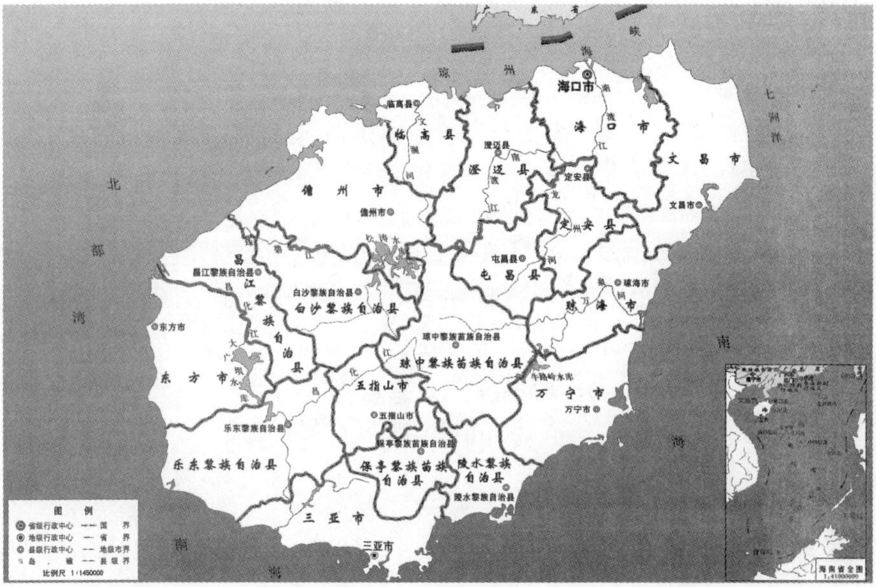

海南行政区划①

2.1 地理位置

海南省简称琼，位于中国最南端。北以琼州海峡与广东省划界，西临北部湾与越南和广西壮族自治区相对，东濒南海与台湾省相望，东面和南面在南海中与菲律宾、文莱、印度尼西亚和马来西亚为邻。海南省的行政区域包括海南岛、西沙群岛、中沙群岛、南沙群岛的岛礁及其海域，是我国国土面积最大的省，省会在海口市。全省陆地（主要包括海南岛和西沙、中沙、南沙群岛）总面积3.54万平方公里，海域面积约200万平方公里。

① 海南省地图．海南省测绘地理信息局．审图号：琼S（2012）053号．2012－09.

海南岛陆地面积3.39万平方公里，是我国仅次于台湾岛的第二大岛。大约在远古200万—300万年以前，海南岛原与大陆相连，后因地壳运动而引发海峡断裂沉陷，成为大陆岛。海南岛轮廓似雪梨的平面投影，东北至西南长约290公里，西北至东南宽约180公里。海南岛地处亚热带、热带，气候温和，终年无霜雪，地理环境优越，是人类生息和创造文化的理想地域。

2.2 区划沿革

海南岛有悠久的历史，从正式设行政建置迄今已2 100多年。秦始皇统一中国后，于秦始皇三十三年（前214），在岭南设置了三个郡，即桂林郡、南海郡和象郡。海南是象郡的边陲。

汉武帝元封元年（前110）遣军渡海，在海南设有珠崖、儋耳二郡管辖16个县。海南正式列入西汉版图，这也标志着中央政权对海南进行直接统治的开始。

随着朝代的更迭，建置也在不断变革。到唐代，海南改郡为州，设崖州都督府，是海南最早的统一的行政领导机构，后置琼州都督府，下辖琼州、崖州、儋州、振州、万安州5州共23县。海南称“琼”自此开始。朝廷将“涨海”（今南海诸岛）列入政治版图，划归崖州都督府（后为琼州都督府）的振州和万安州管辖。唐代的建置格局为以后海南的发展、历朝的行政建置奠定了基础。

到了宋代，海南的行政建置稍有调整，但没有多少实质性的变革。元代基本上沿用宋代的行政建制。元朝将“万里石塘”（即今南海诸岛）作为内海。至元十六年（1279），元世祖忽必烈亲自派出著名天文学家、主管全国天文测量工作的同知太史院事郭守敬到西沙进行天文测量，行使主权。元将史弼曾到“万里石塘”巡视。

明洪武三年（1370）初，琼州从广西划归广东管辖，并升格为府，下辖3州（儋州、万安州、崖州）13县。从此，海南又有了统一的行政管理机构——琼州府，也是第一次隶属广东管辖。清朝沿袭明制，府州县建制不变。民国初年，设广东琼崖道，改州为县，道下辖13县，俗称“琼崖十三属”。民国十五年（1926），海口从琼山县划出，设为海口市，为海南开郡以来的第一个都市。到民国二十四年（1935），海南行政建置是1市16县。

1950年5月1日，海南解放，成立海南军政委员会。1951年4月，成立广东省人民政府海南行政公署。1952年7月1日，在少数民族地区成立海南黎族苗族自治区人民政府，受广东省人民政府和海南行政公署的双重领导。

1955年3月，广东省人民政府海南行政公署改称为广东省海南行政公署。同年10月，海南黎族苗族自治区人民政府改称为海南黎族苗族自治州人民委员会。1962年2月，自治州州府设在通什镇，辖琼中、保亭、崖县（三亚前身）、白沙、昌江、东方、乐东、陵水8县，所辖区域占海南全岛总面积的42.9%。海南行政区共有1个市、17个县。

1984年5月31日，第六届全国人大第二次会议通过了《关于海南行政区建制的决定》，撤销海南行政区公署，成立海南行政区人民政府，当年10月正式成立，为副省级建制。1984年5月经国务院批准，撤销崖县，以原崖县行政区域设立三亚市（县级）。1986年通什镇升格为通什市（后更名为五指山市）。1986年海口市升格为地级市。1987年9月，国务院决定撤销海南黎族苗族自治州，并将三亚市升格为地级市。于是，海南行政区共有3个市、16个县。

1988年4月13日，第七届全国人大第一次会议通过了关于设立海南省和海南经济特区的议案，海南行政区正式从广东省划出，成立了海南省人民政府。中国的第31个省份正式诞生，海南岛成为中国第5个也是最大的经济特区。海南省行政区域包括海南岛和西沙群岛、南沙群岛、中沙群岛的岛礁及其海域。海南省实行省直接管理市、县的管理体制，下辖2个地级市（海口市、三亚市），1个县级市（通什市），16个县（即琼山县、文昌县、琼海县、万宁县、定安县、屯昌县、澄迈县、临高县、儋州县、东方黎族自治县、琼中黎族苗族自治县、保亭黎族苗族自治县、乐东黎族自治县、陵水黎族自治县、白沙黎族自治县、昌江黎族自治县），1个办事处（即西沙、南沙、中沙群岛办事处）。从此，海南的发展进入了新篇章。

海南行政建置的调整，促进了海南的城镇化发展。1993年琼海和儋州撤县设市，1994年琼山撤县设市，1995年文昌撤县设市，1996年万宁撤县设市，1997年东方撤县设市。2002年琼山市并入海口市，2001年通什市更名为五指山市。2012年海南省设立三沙市。至此，海南省下辖3个地级市、6个县级市、4个县和6个少数民族自治县。它们分别是海口市（地级）、三亚市（地级）、三沙市（地级），文昌市、琼海市、万宁市、儋州市、东方市、五指山市，定安县、屯昌县、澄迈县、临高县，琼中黎族苗族自治县、保亭黎族苗族自治县、乐东黎族自治县、陵水黎族自治县、白沙黎族自治县和昌江黎族自治县。

2.3 人口与文化

2.3.1 人口

海南岛是一个移民岛。岛上的居民大多从大陆移入，明清以后又大量向海外移出，从而形成了海外华侨、华人人口比例相对较高的一个地区。海南岛最早的居民是“三亚人”，距今约一万年。对于“三亚人”的来历，学术界尚无定论，但普遍认为，“三亚人”是从外部迁移入岛的，而非岛上自然演变生成的。此后，来到海南岛的是黎族，他们由岛外迁徙而来的百越族以及南来民族构成。

黎族是海南岛的先住民，黎族的祖先均在新石器时代的早期（距今7 000年以上）从两广大陆不止一次横渡琼州海峡来到海南岛北部。来自两广的黎族先民在登上海南岛北部海岸之后，沿各大河上溯至岛内各地，辗转定居，艰难创业。汉代至唐初，全岛范围内都有黎族居住。在中国这个多民族的大家庭中，黎族人几乎全部居住在海南，因此可以说黎族文化是海南所独有的。

大陆汉人迁入海南岛的历史始于秦朝。秦王朝派遣50万大军戍守岭南，其中也包括海南岛。随后，从汉代到清代，汉族移民不断迁人，有的是过琼任职，有的是驻戍入琼，有的是贬流官员入籍海南，有的是中原避乱迁琼定居，有的是海上经商、旅游而入琼。各类汉族移民都不同程度地带来了中原文化。

回族大致在宋元时期，由于种种原因移居到了海南，现主要聚居在三亚市。苗族自明朝从广西和粤西北调来的苗、瑶官兵戍琼后落籍海南。黎、汉、回、苗是海南四大民族，此外，还有其他的少数民族，但人数较少。海南居民主要使用的方言有海南话、黎话、临高话、儋州话、军话、苗话、村话、回辉话、迈话和疍家话10种。

根据第六次全国人口普查结果显示①，2010年11月1日海南省登记的人口为867.15万人。2010年海南省户籍人口896.09万人。其中汉族人口为737.09万人，少数民族人口为159万人；汉族占总人口的82.3%，少数民族占总人口的17.7%。在少数民族人口中，黎族人口为144.49万人，苗族人口为7.56万人，回族才1.18万人。海南省汉族、黎族、苗族、回族是世居民族，其余民族是解放后迁入的居民。世居的黎、苗、回族，大多数聚居在海南省中部、南部的琼中、保亭、白沙、陵水、乐东、昌江等自治县和三亚、东方、五指山等市；汉族人口主要聚居在海南省东北部、北部和沿海地区。

---

① 海南年鉴（2011）. 海口：海南年鉴社，2011. 70 ~ 71.

海南省是全国著名侨乡，有海外华侨、华人近 300 万人，归侨、侨眷 100 多万人。华侨、华人分布在近 60 个国家和地区，其中以东南亚地区居多，并在世界各地成立了社团组织 310 多个。

第六次全国人口普查结果显示，在海南省总人口中，学历具有大学（指大专以上）程度的有 67.36 万人，具有高中（含中专）程度的有 127.17 万人，具有初中程度的有 361.96 万人，具有小学程度的有 197.16 万人（以上各种受教育程度的人包括各类学校的毕业生、肄业生和在校生）。每 10 万人中具有大学文化程度的有 7 768 人，具有高中文化程度的有 14 666 人，具有初中文化程度的有 41 741 人，具有小学文化程度的有 22 736 人。① 而在全国，每 10 万人中具有大学文化程度的有 8 930 人，具有高中文化程度的有 14 032 人，具有初中文化程度的有 38 788 人，具有小学文化程度的有 26 779 万人。②

2.3.2 文化

海南有准确可考的文字记载的历史始于秦代，从秦代到南北朝时期的海南文化的主流是海南土著居民的文化——黎族文化。汉代以后，随着中央王朝在海南直接统治的开始，一批批汉族移民迁徙到海南，中原文化也开始全方位地在海南传播并影响到海南的方方面面。到了宋代，汉族移民的人数不断增加，在政治、经济与文化上多层次地与黎族文化发生冲撞与融合，汉族文化开始处于强势的地位。

新中国成立前，海南历史上人口最多的时候也不过二三百万人，然而在这样一个小规模的社会里，却存在着多种多样的文化，有黎、苗、回少数民族文化，也有汉族文化；有儒、释、道教，也有基督教、天主教等。海南文化出现过三次大的文化转型：第一次是“三亚人”文化向黎族文化的转型，出现在距今 7 000 年左右，黎族先民从两广地区陆续进入海南，并很快成为岛上的主人，“三亚人”则去向不明。此后黎族文化成为了海南文化的主流文化。第二次是黎族文化向汉族文化的转型，出现在秦汉之际，从此汉族文化占据了海南文化的主导地位。由于海南此时被纳入了中央政权的有效管辖范围，因而中原文化作为一种强势文化进入海南，并取得了统治地位。但黎族文化并未消失，而是与中原文化共同构筑了新的海南文化。第三次是传统文化向现代文化的转型，出现在 19 世纪末和 20 世纪初，由于西方文化和华侨文化的影响，海南文化开始走出封闭，走向世界。③

---

① 海南年鉴（2011）. 海口：海南年鉴社，2011. 465.

② 2010 年第六次全国人口普查主要数据公报（第 1 号）. http：//www. chinanews. com/gn/2011/04 -28/3004638. shtml.

③ 牛志平等. 海南文化史. 海口：海南出版社、南方出版社，2008. 41 ~42，296，298.

在黎、苗、回少数民族文化中，黎族文化是海南独有的。黎族只有口头语言而没有文字。过去很少有黎族人识文断字，他们靠结绳记事或是数豆记事。在中国汉族的典籍中最早记录黎族的文字是在3 000多年以前，并惊其“披发雕身”之异俗。①

黎族人民在长期的生产斗争和社会实践中创造了丰富的文化艺术，包括古代神话、故事传说、歌谣、谚语和谜语等各种形式。如《鹿回头》、《甘工鸟》、《五指山传》、《抗婚歌》等，它们流传得很广，颇受黎族群众的喜爱。黎族舞蹈也具有显著的民族特色，有反映黎族勇敢的斗争精神和气概的《钱铃双刀舞》、《打鼓舞》、《打鹿舞》等，反映黎族生活习俗的《打柴舞》、《三月三》，也有反映黎族宗教色彩的《祝福舞》、《驱鬼舞》、《七星舞》等。此外，黎族的工艺美术，如纺、织、绣、染四项工艺都显示着自己的特色。黎族传统棉纺织工艺具有许多显著特征，主要表现为文化的“活化石”、卓越的历史贡献、鲜明的民族性、典型的原生态、传承的家族性等。被称为海南纺织史上“活化石”的黎锦，千百年来曾经是记录和传承黎族文化与经济发展的“史书”②。黎锦的图案内容主要是反映黎族社会生产、社会生活、家庭生活、爱情婚姻、宗教活动以及传说中的吉祥或美好等，体现了黎族的审美意识、生活风貌、文化习俗、宗教信仰及艺术内涵。人、动物、自然和人们心目中较为定型化的物象始终是黎族妇女织锦图案的主题。此外，黎族还有纹面及纹身文化、建筑文化、民俗节庆文化等多种文化艺术。黎族文化的辉煌灿烂、绚丽多姿，是黎族人民发展经济的一笔丰富的、独特的、宝贵的文化遗产。

在汉族文化中，海南产生过许许多多特殊的文化现象，譬如，流放过李德裕、苏东坡、李纲、李光等伟大作家、民族英雄和杰出政治家的海南岛，其绵延一千多年的流放史，在世界史上都是罕见的。又如，清代晚期作为十大通商口岸之一的海口，是中国对外开放的前沿城市，曾经有14个国家和地区在这里设立领事馆，每月有邮船从香港途经这里驶往欧洲的腹地，它是中西文化交汇冲突和中国走向现代化的见证者。又如，持续一个多世纪的百万人踏海下南洋的社会浪潮；琼崖纵队23年红旗不倒的壮烈历史，等等。③

1950年，海南解放，从此揭开了海南历史新的一页，海南文化也进入了一个新的发展阶段。

---

① 张红霞，詹长智．图书馆在拯救消亡文化之旅中的努力．数字图书馆论坛，2007（10）：32.

② 王晓樱，魏月蘅．海南黎锦应在保护中走向产业化．光明日报，2009-07-20.

③ 孔见．挖掘海南本土文化矿脉．海南日报，2007-07-04.

2.4 经济概况

海南省的经济概况主要表现在以下几个方面：海南经济总量小，底子薄，综合实力弱，欠发达的情况至今尚未根本改变；教育科技、医疗卫生、文化体育等社会事业发展仍较滞后，城乡居民收入水平不高；区域之间、城乡之间发展不平衡、不协调。① 截至2011年，海南省18个市县中有贫困市县11个，其中国家扶贫开发工作重点市县5个，分别是保亭县、琼中县、五指山市、陵水县、白沙县；省扶贫开发工作重点市县6个，分别是定安县、昌江县、乐东县、临高县、屯昌县、东方市。海南省的贫困人口主要分布在偏远的少数民族聚居区、中部山区、革命老区和沿海干旱地区。② 2011年海南各市县生产总值（亿元）③ 的情况如下（见表2-1）。

表2-1 2011年海南各市县生产总值（亿元）

市　县	2011年	比上年增减（%）
全　省	2 515.29	12.0
东部地区	1 443.74	12.1
海 口 市	712.76	12.3
三 亚 市	284.57	14.2
文 昌 市	142.27	11.5
琼 海 市	130.00	7.6
万 宁 市	113.08	12.0
陵 水 县	61.07	11.6
中部地区	146.19	10.5
五指山市	15.00	4.0
定 安 县	44.81	9.4
屯 昌 县	33.70	11.4
琼 中 县	16.13	11.7

① 罗保铭．坚持科学发展　实现绿色崛起　为全面加快国际旅游岛建设而不懈奋斗——在中国共产党海南省第六次代表大会上的报告（2012年4月25日）．http：//www.hainan.gov.cn/data/news/2012/05/154314/.

② 赵丽．攻坚阶段海南扶贫开发的路径．http：//www.hnskl.net/Item.aspx？id=670.

③ 关于海南中部地区扶贫开发工作的调查与思考．http：//fpb.hainan.gov.cn/fpb/sfpb2/fpdy/201203/t20120305_622222.html.

（续上表）

市　县	2011 年	比上年增减（%）
保亭县	16.85	12.6
白沙县	19.72	14.1
西部地区	799.69	14.3
儋州市	353.80	12.1
其中：洋浦	210.96	13.3
东方市	94.93	16.6
澄迈县	140.01	22.6
临高县	79.71	8.1
乐东县	59.93	10.8
昌江县	71.32	17.0

资料来源：http：//fpb.hainan.gov.cn/fpb/sfpb2/fpdy/201203/t20120305_ 622222.html。

2.5　城乡规划

2010 年 2 月 7 日，《海南省城乡经济社会发展一体化总体规划（2010—2030 年）》①（以下简称《规划》）通过了专家评审。《规划》立足海南实情，在认真研究海南发展战略、地位、资源价值以及经济社会发展特性的基础上，从产业规划、社会发展、城镇化、资源利用、生态环境保护以及体制机制等方面进行研究，提出了未来 20 年甚至更长时期里海南省城乡一体化的发展战略、模式和路径，是指导海南城乡建设和经济社会一体化发展，具有前瞻性、战略性和可操作性的省域综合性规划。《规划》针对海南的实际条件，借鉴国际经验，提出了构建满足基本公共服务需求，服务国际旅游岛建设的“两级生活圈”战略：全省以海口、三亚、琼海、儋州为核心，组织 4 个都市生活圈，以 18 个市县驻地及乐东莺歌镇、文昌锦山镇和儋州白马井镇为中心，组织 21 个覆盖全岛的基本生活圈。海口、三亚、琼海、儋州将成为海南 4 个“中心城市”。海口都市生活圈包括海口、澄迈、文昌、定安、临高、屯昌 6 个市县，三亚都市生活圈包括三亚、乐东、保亭、陵水、五指山 5 个市县，琼海都市生活圈包括琼海、万宁、琼中 3 个市县，儋州都市生活圈包括儋州（洋浦）、东方、昌江、白沙 4 个市县。在每个都市生活圈内建立快速交通系

① 海南省城乡经济社会发展一体化总体规划（2010—2030 年）. http：//wenku.baidu.com/view/f9dd3f7a5acfa1c7aa00cc9c.html？pn = 50NaNNaNNaN.

统，满足都市生活圈内的通勤距离在1.5～2个小时之内，每个生活圈内部的城乡资源统一开发利用。21个基本生活圈以基本生活圈为载体，满足城乡居民对基本公共服务的需求，实现全岛基本公共服务的均等化。基本生活圈以县城和人口密集地区的重点镇为中心，每个生活圈内，通过完善路网结构，达到通勤距离在30～40分钟以内。在每个基本生活圈内从工作、居住、休闲、就学、医疗等人的基本需求出发，配置社会服务供给系统，并着力打造生活圈内优美的生态环境和高品质的生活。

《规划》总体目标是：到2020年，全省城乡基本实现现代化，基本建成国际旅游岛，初步形成城乡经济社会发展一体化的新格局；到2030年，实现城乡经济社会发展的高度融合。其目标图景包括六个方面，其中之一是高度繁荣的文化发展。届时，国际旅游岛的文化氛围和文明环境将大幅度提升，形成文化产业发达、文化交流活跃、城乡居民文化素质显著提高的局面，海南成为开放、和谐、文明的国际旅游岛。城乡居民享受高水平的文化服务，城乡居民文化娱乐消费支出比重均超过20%。《规划》提出了文化发展的五个核心评价指标，其中一个指标是“每十万人图书馆数量（座）”，目标是2020年达到2座，2030年达到3座。

2.6 市县简述①

（1）海口市。海口市位于海南岛北部，开埠于宋末元初，陆地面积2 304.84平方公里，常住人口204.618 9万人，户籍人口160.44万人，是海南省人口最多的城市。海口市是全省的政治、经济、文化中心和交通邮电枢纽，是海南省会城市、国家历史文化名城、著名侨乡，被列为“国家创新型试点城市”，将被打造成“宜居、宜业、宜学、宜游”和“最精最美”的省会城市。截至2010年，全市有普通高校10所，在校研究生1 326人，在校本专科生10.39万人。海南省具有博硕士点授予权的大学——海南大学、海南师范大学、海南医学院都坐落在海口市。海口市有华侨、华人和港澳台同胞50多万人，分布在世界40多个国家和地区。

海口市有秀英、龙华、琼山、美兰4个县级区，辖23个镇、18个街道办事处、159个居委会、248个村委会。秀英区面积495.67平方公里，辖6个镇、2个街道办事处，常住人口34.95万人，是海口市的临港经济中心区、新型工业聚集区，聚集有海口高新技术开发区、海口“药谷”核心区、港澳工业开发区等工业园区。龙华区面积274.81平方公里，辖5个镇、6个街道办事处，常住人口59.30万人。地处海口市繁华的中心地带，是海口市的商贸、

① 数据来自：海南年鉴（2011）．海口：海南年鉴社，2011.

文化中心。琼山区面积953.30平方公里，辖8个镇、1个街道办事处，常住人口48万人。琼山历史悠久，为海口市国家历史文化名城核心区，素有“琼台福地”之美称。美兰区面积581.06平方公里，辖4个镇、9个街道办事处，常住人口62.37万人，是海南省领导机关所在地，为海南省的政治中心。

（2）三亚市。三亚位于海南岛南部。秦代时海南尚未纳入中国版图，到了西汉武帝时才进入中国版图。汉代在现在的三亚市崖城镇设立了珠崖郡治，隋代设临振郡，唐代改为振州，北宋改振州为崖州。在宋代成为我国最南端的地级规模的州郡。唐代宰相韩瑗、名僧鉴真，宋代名相赵鼎、大臣胡铨和纺织家黄道婆等先后来过崖州。1912年，崖州改为崖县。1950年4月，崖县解放，成立了县人民政府。1954年10月，中共崖县县委、县政府及直属机关从崖城搬到三亚。1984年5月19日，经国务院批准撤销崖县，设立三亚市（县级）。1987年9月26日，国务院批准三亚市升格为地级市。

三亚市是海南省南部的中心城市和交通、通信枢纽，著名的热带滨海旅游度假城市。它聚集了阳光、海水、沙滩、气候、森林、动物、温泉、岩洞、风情、田园等十大风景资源和丰富的历史文化资源，是中国唯一的热带滨海旅游城市。陆地面积1 915平方公里，海域面积3 500平方公里，常住人口68.540 8万人，户籍人口57.01万人，其中黎族人口22.21万人。设有2个管理区，辖6个镇，境内有5个国有农场，是一个黎、苗、回、汉等多民族聚居和文化多元化、风俗个性化的地区，是海南省的热带高效农业基地、冬季瓜菜生产基地和南繁育种基地。有普通高校5所，在校生3.5万人。

（3）琼海市。琼海市是一座美丽而富有魅力的城市，被誉为海南省东海岸的明珠。这里有充满传奇色彩的红色娘子军、风光旖旎的万泉河、殊惊世界的博鳌亚洲论坛。陆地面积1 693平方公里，常住人口48.321 7万人，户籍人口49.64万人。辖12个镇、204个村（居）委会、2 744个村（居）民小组，境内有3个国有农场和1个华侨农场。琼海市是海南著名的侨乡，有华侨、华人和港澳台同胞55万人，分布在28个国家和地区。

（4）儋州市。儋州市位于海南岛西部，濒临北部湾。古称“儋耳”，汉武帝元封元年（前110），海南岛置珠崖、儋耳两郡，这是海南岛上最早同时出现的行政建置。陆地面积3 343平方公里，常住人口93.236 2万人，户籍人口106.86万人。有汉族、黎族、苗族等20多个民族，其中汉族人口占93%。辖17个镇、283个村（居）委会，境内有10个国有农场。儋州市是海南省面积最大的市（县），人口数量仅次于海口市。儋州市是海南省西部地区的经济、交通、通信和文化中心，是海南发展现代大工业的走廊中心区，经济发展与海口市、三亚市呈三足鼎立之势。洋浦经济开发区、中国热带农业科学院位于其境内。儋州市文化底蕴深厚，曾获“全国诗词之乡”、“中国民间艺术之乡”称号。海南各市县建制、人口、面积情况如下（见表2－2）。

表2-2 海南各市县建制、人口、面积一览表

市（县）	陆地面积（km^2）	镇/乡/街道（个）	常住人口（万）
海口市	2 304.84	23/0/18	204.618 9
三亚市	1 915	6/0	68.540 8
文昌市	2 488	17/0	53.742 8
琼海市	1 693	12/0	48.321 7
万宁市	1 883.5	12/0	54.559 7
陵水县	1 128	9/2	32.046 8
五指山市	1 128.98	4/3	10.412 2
定安县	1 196	10/0	28.461 6
屯昌县	1 231.50	8/0	25.693 1
琼中县	2 704.66	7/3	17.407 6
保亭县	1 160.70	6/3	14.668 4
白沙县	2 117.73	4/7	16.791 8
儋州市	3 343	17/0	93.236 2
东方市	2 256	8/2	40.830 9
澄迈县	2 072	11/0	46.716 1
临高县	1 317	11/0	42.787 3
乐东县	2 763	11/0	45.887 6
昌江县	1 617	7/1	22.383 9

注：数据来自《海南年鉴（2011）》。

海南城市规模总体偏小，以设市城市为例，全省8个设市城市平均城区人口规模仅为23.33万人，而全国设市城市平均城区人口规模为51.26万人。全省只有海口市属于大城市（85.4万城市人口），三亚市属于中等城市（26.6万城市人口），其余市县城镇人口最多的儋州市城区人口规模也只有19万人，少的例如白沙、琼中县城仅有2.5万人，均属于小城镇。全省183个小城镇，除县城镇外，平均人口规模约4 000人，远低于全国1万人的平均规模。①

① 海南省城乡经济社会发展一体化总体规划（2010—2030）（简本）. http：//wenku. baidu. com/view/f9dd3f7a5acfa1c7aa00cc9c. html? pn = 50NaNNaNNaN.

3 海南省公共图书馆发展回顾

3.1 新中国成立前的海南公共图书馆（1950 年前）

在我国，伴随着早期的甲骨文献、金石文献、泥陶文献、简牍文献和缣帛文献的出现，图书馆也随之产生了。周代的大史、小史、外史等官，掌管着皇宫的三皇五帝之书，负责各类文献档案的收集、整理和保存，成为国家管理典藏文献的专门职官，而这些文献在王室中的典藏处所则成为中国古代图书馆的萌芽。① 我国公共图书馆脱胎于藏书楼，最早的公共图书馆是 1849 年创建的上海 Book Club（上海书会，后易名上海图书馆，英文名为 Shanghai Library）。1904 年，湖北省图书馆与湖南省图书馆先后建立，开创了中国省级公共图书馆的先河。1909 年国家图书馆的前身京师图书馆宣告正式成立，并于 1912 年 8 月 27 日正式向公众开放。②

海南图书馆萌牙于学宫、书院，到了民国始有公共图书馆。学宫、书院既是教育中心，也是藏书中心。书院原为官方藏书及修校图书之所，至宋代始为学人聚书讲学之地。站在中国古代"图书馆"的历史演变的视角，或可以言，中国古代的官私"书院"不论从学术传承还是事业沿革上，都当是近代以来图书馆取得独立业态的真正摇篮③。

据《琼州府志》记载，在北宋仁宗庆历四年（1044），海南历史上第一所儒学学校——琼州儒学（琼州州学）兴办起来，这是海南岛有准确记载年代的官办学校。学校地址在州治（今琼山区）东南隅，设立"殿堂"及"御书阁"（藏书楼）。在宋代，海南还办起了书院，一所是为纪念苏东坡而设立的东坡书院，院址在琼山府城城北；另一所是王霄建立的爱春书馆，院址在儋州。明代书院大盛，各州县都陆续创办书院，较著名的书院有邱濬在其家乡（今琼山区）创建的奇甸书院、唐胄在其家乡（今琼山区）创建的西洲书

---

① 汪东波．公共图书馆概论．北京：国家图书馆出版社，2012. 3.

② 汪东波．公共图书馆概论．北京：国家图书馆出版社，2012. 11 ~ 12.

③ 张欣毅．公书林清话（下）．图书馆理论与实践，2012（10）：1 ~ 7.

院、王弘诲在其家乡（今定安县）创建的尚友书院等25所。① 明代还出现了个人的藏书室，如王惠的“霜筠轩藏书室”和邱濬的“藏书石屋”。清代海南书院仍盛，达20多所，比较知名的有琼台书院、雁峰书院（在今琼山区）等。光绪二十七年（1901）诏改书院为学堂，书院之名遂废。明清两代书院的藏书多为善本、官书，均以钦定御纂者为主，这些书籍仅供学子阅览。民国时期，海南出现了公共图书馆，最早是民国十一年（1922）民选县长王大鹏在嘉积（现琼海）创办的县图书馆，但后因经费短缺而关闭。随后澄迈、万宁、陵水、定安、临高、琼山等地也创办了公共图书馆。

海南历史上著名的藏书场所主要有②：

（1）琼州学宫。北宋庆历四年（1044），在今海口市府城镇东门建有琼州学宫。宋仁宗特命国子监教授宋守之为琼州知州，并从东观藏书馆中抽出部分藏书赐给琼州学宫。广南西路提刑彭次云上疏特请设监书一员，加强这些御赐图书的管理。学宫既是儒学教育的课堂，也是藏书之所。北宋元丰年间（1078—1085），当时琼管帅李时亮为学宫接收朝廷赐书，特地在大成殿西侧建御书阁一座，珍藏历朝御赐书籍。元代至正十一年（1351），学正符元裔补买各种经史书籍，充实学宫馆藏。明成化五年（1469），知府蔡洁又在明伦堂后建书楼一间，内藏各种文献史籍，其中有《皇朝颁降大诰》三编、《大明律》、《易经大全》、《书经大全》、《诗经大全》、《春秋大全》、《礼经大全》、《前汉书》、《后汉书》等44部典籍。

（2）霜筠轩。霜筠轩在今海口市府城镇南隅，是明朝海南儒者王惠隐居的地方，也是他的藏书之所。王惠字仲迪，原籍安徽合肥，因慕著名学者赵谦（世称考古先生、浙江余姚人）的为人，于是在赵谦任教琼山县儒学时，趁其兄王志调任海南卫千户之机，不远万里落籍琼山，拜赵谦为师。王惠在赵谦的精心栽培下，成为了博学能文、名声远播的儒者。他曾被人极力推荐进京做官，但他婉辞谢绝，决心在琼山落籍研讨学问。他在府城南隅购地置轩。当轩建成时，赵谦特地为轩命名，既书轩匾又写轩记。赵谦在《霜筠轩记》中，赞扬霜竹心虚节劲的精神，希望他的学生像霜竹一样高风亮节。王惠虚心向学，博览群书。他的藏书甚多，有《春秋》、《论语》、《孟子》、《天论》、《老子》、《易经》、《道德经》、《诗经》、《离骚》、《庄子》、《左传》、《战国策》、《汉书》、《全唐书》、《大云经》、《资治通鉴》、《通典》、《太平御览》等古籍数千册。

（3）邱濬藏书“石室”。邱濬（1421—1495）字仲深，号琼台，琼山下

① 牛志平等．海南文化史．海口：海南出版社、南方出版社，2008．124，165．

② 海南省志·文化志．http：//www．hnszw．org．cn/data/news/2011/12/51308/．

田村人，官至户部尚书，武英殿大学士，谥文庄。邱濬6岁丧父，由祖父和母亲抚养长大。自幼聪敏好学，但因家贫无钱买书，借书时甚至为人所厌薄。因此他从小痛感无书读之苦、向人借书之难和藏书之宝贵。他曾说："幸他日苟有一日之得，必多购书籍以庋藏于学宫，俾吾乡后生小子苟有志于问学者，于此取资焉，无若予求书之难。"入翰林院后，他有机会也有能力搜求书籍，日积月累，所得典籍渐丰。明成化五年（1469），因母亲病故，他由京师告假回乡奔母丧，谒先圣于学宫，因想起先时心愿，遂决意用平生的全部积蓄在琼山县学宫建一藏书楼，以实现自己多年的夙愿。在建藏书楼时，他考虑到海南气候炎热潮湿，书籍易燃易潮，决定雇工凿石建屋，所有梁、柱、楹等皆用石料。历时3年建成书室，取名为"石室"。他因恐后人不知其得书之难，或有人将书取之而去，特撰写《藏书石室记》以记其事。石屋除藏有多种典籍外，特别珍藏有邱濬《世史正纲》、《朱子学的》的遗稿及各种会稿的墨版。邱濬死后，他的家属收集其遗产，得图书数万卷。

（4）琼台书院。该书院位于今海口市府城镇，建于清康熙四十九年（1710），是广东分巡雷琼兵备道焦映汉捐献薪俸光银六百两筹建的，是海南清代最好的书院之一，也是全海南的最高学府，藏书丰富。书院建有藏书楼，至光绪二十年（1894），有经、史、子、集等书籍2万多卷。光绪二十八年（1902），清廷实行新政后，琼州知府刘尚伦将琼台书院改名为琼州府中学堂。光绪三十二年（1906），又更名为琼崖中学堂，后为适应教学需要，购置了数理化、音乐、美术等多类图书，还设有阅报室。民国三年（1914）春，更名为琼崖中学校，民国九年（1920）秋，又改称为广东省立第六师范学校（简称六师）。在"五四"运动后，该学校传播新文化、新思想的风气甚盛，购进了大量进步的书籍和报刊，如鲁迅、陈独秀、邹韬奋、郁达夫等人的作品和进步报刊《向导周报》、《新青年》等。该校师生在新文化运动中成为重要的生力军。

1935年秋，学校又改称为广东省立琼崖师范学校。1949年春，广东省立琼崖师范学校改称为海南特区区立琼崖师范学校，同年3月，符志逵博士任校长，当年夏，符志逵在学校挂牌成立海南师范学院，是新中国建立之后海南师范学院的前身。海南师范学院（今海南师范大学）是当时海南岛的最高学府。

海南民国时期的公共图书馆主要有①：

（1）澄迈县图书馆。民国十四年（1925），国民政府在澄迈县城金江镇

① 海南省志·文化志．海南史志网，http：//www. hnszw. org. cn/data/news/2011/12/51308/.

建立图书馆，委派王聘宗为首任馆长，管理人员2名，设藏书室、借阅室，常年对外开放。1939年，日军侵占海南岛，澄迈县城沦为日占区，图书馆被迫迁往二区（今加乐镇），后因故终止开放。1945年抗战胜利后，图书馆迁归澄迈县城金江镇，继续对外开放。

（2）陵水县蔚文通俗图书馆。民国十七年（1928），陵水城内有识之士李公和吴公两人热心文化教育，发动群众建起宽25米、长50米的2层5间楼房，办起了“蔚文通俗图书馆”。为加强图书馆的管理，成立了董事会。首任主席为张明伦，继任者为张明仕、张逢英。图书馆由群众捐助和购置一批图书，供城内居民阅读。日军入侵陵水后被迫停办。

（3）万宁县图书馆。民国十七年（1928），万宁县设图书馆，内藏有邱濬《世史正纲》、《朱子学的》、《大学衍义补》，海瑞《备忘集》、《海刚峰集》等著作，《易经大全》、《书经大全》、《诗经大全》、《礼经大全》、《孟子》、《老子》、《庄子》、《春秋》、《战国策》、《左传》、《前汉书》、《后汉书》、《全唐书》等古籍及《资本论》、《新青年》、《向导周报》等书籍、报刊共1 000多册。后因战乱，书籍散失而停办。

（4）临高县融通图书馆。民国十九年（1930），临高县设有融通图书馆，地址在县城居仁里。馆藏有《孔子》、《孟子》、《老子》、《庄子》、《汉书》、《全唐书》和海南历史丛书及科学书籍共12 320册。民国二十八年（1939）被日军烧毁。

（5）琼山县图书馆。琼山历史悠久，是海南开发最早的地区之一。西汉元封元年（前110），中央政权在海南设珠崖和儋耳两郡，其中珠崖郡治就在瞫都县（今琼山区境内）。民国二十二年（1933），全县公立图书馆（室）有琼山图书馆（馆址在琼城府城雁峰书院）、县立通俗教育图书馆（馆址在琼城尚书坊）、民众教育馆图书室（室址在琼城忠介路）；私立图书馆（社）有海南图书馆（馆址在琼城五公祠）、觉庵图书馆（馆址在琼城东门外）、新民图书社（社址在东新乡涌谭村）。琼山图书馆系为纪念邱濬（号琼山）而建，内有语言、美术、自然、教育、社会、哲学、史地等方面的书籍共10 718册，供民众借阅，日均阅书者达15～20人。日军侵琼期间（1939—1945），上述图书馆（室）的大量图书被毁，曾一度关闭，抗日战争胜利后，部分图书馆（室）恢复开放。新中国成立后，海南图书馆被并入海口图书馆，民众教育馆图书室改为县文化馆图书室，琼山图书馆被撤销，图书移交县文化馆图书室。

（6）定安县图书馆。民国二十五年（1936），定安县政府在定城北门城楼（建江楼）设立国立图书馆。1939年日军占据定城后停办。抗日战争胜利后，定安县政府在东门一家民房办了一间小型图书阅览室。1947年图书阅览室被取消，在南门（文庙西侧）的王宅公馆设立民众教育馆，内设图书阅览室，但图书极少，仅有当时的一些报刊和古典通俗小说。1948 年初，民众教育馆搬到南门街的林氏宗祠（今县印刷厂址），图书阅览室也随之搬迁。第二年民众教育馆被取消，图书馆也因此停办。

3.2 新中国成立后到建省前的海南公共图书馆（1950—1987）

新中国成立后，海南公共图书馆发展始于各市县文化馆下设的图书室或图书阅览室。1956 年 7 月，文化部召开了第一次全国图书馆工作会议，文化部社会文化事业管理局在会上作了《明确图书馆的方针和任务，为大力配合向科学进军而奋斗》的报告。会议确定了图书馆事业要全面规划，加强领导，又多又快又好又省地积极稳步发展，要调动一切积极因素为大众服务，为科学研究服务的方针。会议指出图书馆事业应承担两项基本任务：一项是向科学研究工作者提供图书资料，促进科学的迅速发展；另一项是向民众广泛提供图书，传播马克思列宁主义，进行文化教育工作，以提高他们的思想、政治和文化水平。会议的召开促进了全国各地图书馆事业的发展，促进了县（区）图书馆的大量建立。在县文化馆图书室的基础上，许多有条件的县都成立了县图书馆。①

1956 年，广东省批准海南行政区的海口市、文昌县等市县建立县级公共图书馆，拉开了新中国成立后海南公共图书馆发展的序幕，随后，1960 年东方县图书馆成立，1961 年临高县图书馆成立，1962 年澄迈县图书馆成立，1964 年琼海县、崖县（今三亚市）图书馆成立。“文化大革命”时期，海南图书馆事业遭到严重的破坏，图书和资料损失达 60% 以上。党的十一届三中全会以后，在各级政府和社会的重视下，公共图书馆事业得到恢复和发展，未成立县图书馆的县也陆续成立了县图书馆。1978 年昌江县、乐东县和屯昌县图书馆成立，1979 年琼山县、琼中县图书馆成立，1980 年海南黎族苗族自治州图书馆（今五指山市图书馆）成立，1981 年万宁县、陵水县、白沙县图书馆成立，1983 年定安县图书馆成立，1984 年儋州县、保亭县图书馆成立。②至此，海南 19 个市县都建起了市县图书馆，实现了每个市县都有公共图书馆的目标。

这一时期是海南公共图书馆的创业期，各市（县）在原来图书室或图书阅览室的基础上成立了县级图书馆，并将其从文化馆中划分出来。图书馆独

---

① 潘燕桃．近 60 年来中国公共图书馆思想研究（1949—2009）．广州：中山大学出版社，2011. 58 ~ 60.

② 海南省志·文化志．海南史志网，http：//www. hnszw. org. cn/data/news/2011/12/51308/.

立建制，极大地促进了图书馆的建设与发展，其突出表现是馆舍建设。有的县（市）建起了图书馆，有的县（市）建起了文化大楼，内设图书馆。1977年，澄迈县图书馆新馆落成，馆舍面积680平方米。1980年，海南黎族苗族自治州人民政府拨款扩建文化大楼供自治州文化馆和自治州图书馆使用，各有馆舍1 500平方米。1983年，国家文化部、广东省文化厅和海口市委市政府拨款177万元新建海口图书馆，新馆于1986年年底投入使用，建筑面积达3 800平方米。1984年秋，儋州兴建文化馆大楼，次年竣工，并专辟一层为图书馆，面积613平方米。1986年3月，广东省、海南行政区、定安县三方出资兴建定安县图书馆，1988年春节正式开放，楼高三层、建筑面积2 200平方米。1987年12月，万宁县图书馆新馆竣工，1988年5月投入使用，建筑面积2 008平方米。1987年，保亭县图书馆大楼建成，建筑面积1 129平方米。昌江县图书馆馆舍建筑面积为370平方米。琼山县图书馆和县文化局、县文化馆合用一栋楼，图书馆使用面积是495平方米。1986年，文昌县图书馆从文昌“孔庙”迁到文昌人民公园内的少年宫，为临时借用馆舍。1987年，琼中县图书馆经县政府调剂将虎头路外经委新楼一楼东端的场地作临时馆舍，内设藏书室和阅览室。其次是完善组织机构、建章立制、规范管理与服务。各馆根据实际情况，设有办公室、采编室、流通室、阅览室、书库等。同时，加强内部管理，对原馆藏书进行了全面清点，按标准进行图书分类、编目、入藏排架、建立图书目录，馆藏管理实现了规范化、标准化。服务工作也从当初图书室的简单借阅扩大到图书宣传、阅读辅导、馆际交流与学习。最后是扩大了队伍、开展了馆员专业知识培训。① 这一时期，海口图书馆、海南黎族苗族自治州图书馆、昌江县图书馆、定安县图书馆发展相对突出。

（1）海口图书馆。1956年6月，海口图书馆正式成立。当时从市文化馆阅览室接转过来，馆址在现址对面，楼高两层，面积约100平方米。馆藏图书、报纸、杂志、连环画及部分古籍书，仅几千册。工作人员仅3人。1958年9月，经市政府决定，馆址迁到吴氏宗祠。该祠为1936年建造的混凝土三层楼，建筑面积490平方米。1960年，馆内设立采编、外借、阅览三组，订阅报纸20种、杂志100多种，馆藏书约5万册。“文革”期间，图书馆被占用，业务基本停顿，图书资料被盗严重，设备遭破坏。1970年9月，图书馆恢复，由海口市社会文化服务站管理，全馆工作人员6人。1972年4月，恢复图书外借工作。同年9月，海口市社会文化服务站撤销，图书馆独立，设馆长1人，工作人员7人。1979年，馆内设采编组、辅导组、阅览组，人员

---

① 地方志书·市县志．海南史志网，http：//www. hnszw. org. cn/web/news/dfzs. php？Class = 65&Deep = 2.

增至14人，均是高中毕业以上文化程度，馆藏图书增加到11万册。1983年，国家文化部、广东省文化厅和海口市委市政府共拨款177万元建海口图书馆大楼，新馆于1984年12月在旧馆舍前动工，1986年落成并投入使用。楼高8层，为混凝土结构，面积达3 800平方米。新馆舍建成，图书馆面貌焕然一新。图书馆设正副馆长及书记共4人，设有办公室、辅导部、采编部、流通部、图书服务部等部门，开设了报刊阅览室、特藏文献室、少儿阅览室、科技文献室、展览厅和外借处。工作人员也增至32人。馆藏书16万多册，其中古籍线装书5 869册，地方文献约3 000册，报纸115种，杂志658种。[①②③]海口图书馆成了建省前海南最大的公共图书馆。

（2）海南黎族苗族自治州图书馆（今五指山市图书馆）。1953年7月，广东省海南黎族苗族自治区首府从乐东县抱由镇迁驻通什镇后，通什镇成为自治区首府驻地。1955年10月，海南黎族苗族自治区改为海南黎族苗族自治州，通什镇为自治州首府驻地。通什镇是自治州党委、人民政府驻地，是自治州政治、经济、文化、教育、交通的中心，直至1987年12月。

20世纪50年代中期，海南黎族苗族自治州文化馆内设通什图书馆。1972年，自治州财政拨款15万元，建起两层的文化大楼，总建筑面积2 000平方米，为文化馆和通什图书馆使用。1980年，由自治州人民政府批准，通什图书馆独立建制，并在此基础上成立了海南黎族苗族自治州图书馆，为地级公共图书馆。同年，自治州财政拨款10万元续建文化大楼第三层，该楼两馆共用，各拥有1 500平方米。图书馆成立后，实行馆长负责制，加强管理，不断完善组织机构，提高服务质量。组织机构设有行政办公室、采编股、阅览股、外借股，业务工作设有办公室、图书采编室、图书外借室、报刊阅览室、少儿阅览室、过刊书库和基本书库等。在职人员有10人。图书馆加强图书报刊资料建设，搜集、保存地方文献资料和一些单位与文艺界人士无偿赠送的书画及20世纪50年代至70年代拍摄的图片。1986年，自治州图书馆在图书外借室实行全面开架借阅服务，读者可自由进入外借室书库查找图书资料；报刊阅览室改闭架为半开架借阅管理。1987年，馆藏图书达9万多册，工作人员增至25人。此外，自治州图书馆还负责指导、协调自治州所辖8个县公共图书馆的业务工作。1986年6月，国务院批准设立通什市（县级）。1987年

---

① 地方志书·市县志·海口市志. 海南史志网，http：//www. hnszw. org. cn/web/news/zssk. php? Class = 100&Deep = 3.

② 戴开明. 海口图书馆简介. 图书馆论坛，1992（1）：48 ~49.

③ 海南省各市县公共图书馆建设成就. http：//www. hilib. com/jiansheng/ShowArticle. asp? ArticleID = 330.

12月，海南黎族苗族自治州撤销，自治州图书馆移交通什市，通什市在此基础上成立了通什市图书馆，在职人员24人。2001年通什市更名为五指山市，通什市图书馆也随之更名为五指山市图书馆。[①②]

（3）昌江县图书馆。1978年5月，图书馆成立，人员编制9人，馆舍建筑面积370平方米。1980年，被评为海南黎族苗族自治州图书馆工作先进单位。1986年，图书馆实行图书阅览改革，推行图书全开架服务制度，建立图书馆岗位责任制，制作流动图书箱等工作，成绩突出，被评为广东省文化系统先进单位。同年，自治州文化局在昌江县图书馆召开全州县图书馆图书全开架服务工作会议，随后自治州各县图书馆相继实行全开架服务方式，改变了以往闭架或半开架的管理模式。[③]

（4）定安县图书馆。新馆除设有报刊阅览室、少年阅览室、科技阅览室、参考资料室、图书外借处外，还扩展了服务功能，设立了读者自学室，建起了声像资料室和一个有80个座位的多功能报告厅。

3.3 建省后的公共图书馆（1）（1988—2006）

海南建省后，海南图书馆事业得到了省委省政府、省文体厅、省财税厅、各市（县）政府的高度重视和大力支持，各级政府千方百计为民众办实事，多层级政府协同筹措资金，解决图书馆建设问题。同时，积极争取华侨、企业、社会各界支持图书馆建设，极大地促进了全省图书馆事业的发展。这些发展体现在以下三方面：

（1）市（县）图书馆办馆条件得到进一步改善，馆舍面积不断扩大。有的市（县）建起了独立馆舍，有的市（县）建起了内设图书馆的文化大楼，开创了经济欠发达地区图书馆基础设施建设的新路子，成绩喜人、经验可鉴。

三亚市图书馆的馆舍面积在建省前是600平方米。建省后，2000年开春，市委市政府领导将兴建三亚市图书馆列入当年为民办实事的项目之一，并在全市风景最优美的白鹭公园一侧，划出一块黄金宝地作为三亚市图书馆的建址。为筹措2 700万元的建设资金，市政府采取了“三个一点”的办法，即市财政拨款1 500万元，施工承建中标单位垫资1 000万元，社会各界捐款200万元，终于解决了三亚市图书馆的建设投资资金问题。对施工承建单位的垫资，市政府以划地的方式予以补偿，开创了一条经济欠发达地区办文化事

① 五指山市图书馆概况．http：//www. hilib. com/jiansheng/ShowArticle. asp？ArticleID＝333.

② 地方志书·市县志．海南史志网，http：//www. hnszw. org. cn/web/news/dfzs. php？Class＝65&Deep＝2.

③ 昌江县志．海南史志网，http：//www. hnszw. org. cn/data/news/2011/01/48238/.

业、建文化基础设施的新路子。经过2年多的施工兴建，2002年5月8日新馆落成并正式开馆。整个图书馆占地面积为24亩，总建筑面积达10 800平方米，是目前海南市（县）馆中面积最大的图书馆。①

昌江黎族自治县是省定重点贫困县，建省前县图书馆馆舍建筑面积仅370平方米。为适应昌江文化建设发展的需要，县委县政府采取从地财拨出专款，省财税厅“两彩”公共建设基金支持一部分，省文体厅补一部分的办法，投入资金250万元建新馆。1993年6月，新馆奠基。1995年1月，一座高六层，总面积达2 100平方米的新馆正式对外开放。②

琼中黎族苗族自治县是国定重点贫困县，县图书馆临时在县外经委新楼一楼设馆，面积80平方米。为改变这一落后局面，县委县政府做出决定，采取从地财拨出专款，争取省财税厅“两彩”公共建设基金30万元，国家文化部、省文体厅补一部分的办法，共同兴建了琼中县图书馆新馆。1996年12月，一座投资117万元，高三层，总面积1 100平方米的县级图书馆落成开放，③ 开创了多渠道共建基层图书馆的路子。

1992年4月，由琼海县政府发起，新加坡、马来西亚、中国香港等国家和地区的华侨、华人以及港澳台同胞共同捐资建设的琼海华侨图书馆落成开馆，馆舍主楼高五层，建筑面积3 000平方米，总造价为183万元，可藏书30万册，内设书库、各类阅览室、影视厅、展览馆等近20个室（库），是当时海南省规模最大、功能较全的县级馆。④ 如今，来馆的读者都可以看到镶在图书馆阅览室墙上捐资者的名字。1993年，由当地企业家冼笃信先生捐资兴建的琼山县图书馆（今琼山区图书馆，2002年琼山并入海口市成为琼山区）落成开馆，馆舍建筑面积2 700平方米。⑤

1994年2月，东方县图书馆新馆建成并投入使用，馆舍面积从原来的160平方米扩大到1 100平方米。⑥ 2005年，儋州市图书馆新馆落成，建筑面积达6 200平方米，内含市图书馆、市文化馆、市老人活动中心、市会议中心及大戏院，其中图书馆使用面积2 600平方米。⑦

---

① 杨威胜，蔡勃．把图书馆建成学习型社会的文化中心——三亚图书馆开馆前后工作纪实．图书馆理论与实践，2004（4）：110.

② 昌江黎族自治县图书馆概况．http：//www. hilib. com/jiansheng/ShowArticle. asp？ArticleID =333.

③ 琼中县图书馆概况．http：//www. hilib. com/jiansheng/ShowArticle. asp？ArticleID =349.

④ 陈文．无私的奉献　闪光的丰碑——海南省琼海华侨图书馆建馆纪实．图书馆论坛，1993（3）：70～71.

⑤ 琼山区图书馆概况．http：//www. hilib. com/jiansheng/ShowArticle. asp？ArticleID =356.

⑥ 地方志书·市县志·东方县志．海南史志网，http：//www. hnszw. org. cn/data/news/2011/12/51364/.

⑦ 儋州新图书馆请百姓来命名．http：//www. dzlib. cn/news/？34_ 592. html.

（2）市（县）图书馆实行馆长负责制和岗位责任制，建立了业务、行政等管理规章制度，提高了服务质量。图书馆除开展日常书刊借阅服务外，还开展了服务宣传周、送书下基层和送书下军营等各种服务活动，获得了社会的一致好评。

1990 年海口图书馆被文化部及省市评为精神文明建设先进单位，1991 年被文化部、人事部授予“全国文化工作先进集体”荣誉称号，同时被文化部评为“精神文明建设先进单位”。①

定安县图书馆多年来紧抓基层图书馆（室）建设，经过多年的努力，全县的城乡四级图书馆（室）网已初具规模，乡镇级图书馆 3 个（全县有 13 个乡镇）、图书室 10 个，管区级图书室 58 个，自然村阅览室 50 个。从 1989 年开始，先后 5 次发动机关开展捐书、送书下基层活动，还组织了 56 个流动书箱，通过乡镇文化站周转于基层。1989、1991、1994、1995 年度均被省文体厅授予“文明图书馆”称号，第一任馆长吴平清、第二任馆长陈沫驳分别荣获“全国文化系统先进工作者”和“全国公共图书馆先进工作者”称号。②1991 年，定安县图书馆被文化部评选为全国图书管理先进单位，馆长吴平清被文化部、人事部评为先进工作者。③

澄迈县图书馆充分发挥了图书信息为城乡经济文化建设服务的作用，编印馆讯《兴农信息》为全县广大农户与种养专业户服务，传播科学知识。1994 年，在全省农村文化工作会议上，澄迈县图书馆负责人作了典型经验发言。④

昌江县图书馆重视服务宣传工作，通过县委办主办的《昌江要情》、县广播电视台、图书馆宣传栏等，开展各种形式的读书宣传活动。近年来，每逢重大节假日都举办丰富多彩的新书展、猜谜和知识讲座、知识竞赛等活动，以形象、生动、具体的形式吸引读者读书。图书馆还在军营挂牌成立了首个“昌江黎族自治县图书馆流动图书室”。从 2003 年起，还开设了“军营绿色通道”，免费为县边防机动中队的官兵集体办借书证，与县边防机动中队建立长期的图书流通联系点，不定期组织“图书流通小组”下军营的活动。昌江县图书馆先后荣获了“全国文化系统精神文明服务先进单位”、“海南省公共图书馆先进单位”、“海南省农村文化工作先进集体”、“全国三八红旗集体”、

① 海口图书馆简介 . http：//www. haikoulib. com/fuwu/jianjie. asp.

② 定安县图书馆概况 . http：//www. hilib. com/jiansheng/ShowArticle. asp？ArticleID = 333.

③ 地方志书 · 市县志 · 定安县志 . 海南史志网，http：//www. hnszw. org. cn/data/news/2011/08/49759/.

④ 地方志书 · 市县志 · 澄迈县志 . 海南史志网，http：//www. hnszw. org. cn/data/news/2011/08/49759/.

"海南省三八红旗集体"等荣誉称号。①

文昌县图书馆重视地方文献的收集工作，据不完全统计，目前该馆收藏的经、史、子、集、丛五大部类的古籍和民间散刻的选本、地方史志、讲义以及书画册等线装书共计500多种3 400多册，其中有些书的学术价值和版本文物价值相当高，在省内市、县级图书馆里是罕见的。馆藏的海南地方志、明清两代海南人著述及与研究海南文史关系密切的著作也相当丰富。②

（3）图书馆开始启动自动化建设，实施自动化管理。1999年，海口图书馆率先启动自动化建设，引进了深圳图书馆自动化集成管理系统（ILAS），实施图书馆业务计算机管理。2003年，又建起了电子阅览室和全国文化信息资源共享工程海口基站点（三级接收站）。2004年，建立了图书馆网站，开展网上服务与参考咨询服务。海口图书馆的现代化管理与服务走在全省公共图书馆前列。2000年，昌江县图书馆利用文化部下拨的15万元专项资金，引进ILAS（小型版）管理系统，购置主机和终端机，开始进行自动化建设，2001年3月实现了图书馆的自动化管理。2004年，建立了电子阅览室，正式向读者开放，并收到了良好的社会效益。三亚市图书馆在新馆落成后，引进了ILAS管理系统，开始图书馆自动化管理，同时建立了电子阅览室。

3.4 建省后的公共图书馆（2）（2007—2013）

2007年是海南省公共图书馆发展的转折点，以海南省图书馆的落成开馆为标志，海南省结束了没有省级公共图书馆的历史，结束了公共图书馆各自发展、群龙无首的状态。省图书馆的成立推进了海南省公共图书馆事业的发展，全国文化信息资源共享工程海南省分中心、海南省古籍保护中心、海南省图书馆协会相继在省图书馆挂牌成立，并卓有成效地开展了各项文化惠民服务，公共图书馆步入了协同发展的新篇章。

3.4.1 海南省图书馆

海南省图书馆位于海口市国兴大道文化公园内，环境幽雅。图书馆于2003年12月13日动工兴建，共计五层。2007年10月28日正式对外开放，是全国最年轻的省级公共图书馆，也是海南省重要的公共文化设施。2012年经空间改造后，建筑面积达到2.8万平方米，已成为一个环境典雅舒适、布局合理、设施完善的民众大书房。图书馆内设有办公室、业务管理部、采编部、借阅典藏部、报刊部、网络部、地方文献与古籍部、信息咨询部、少儿

---

① 昌江黎族自治县图书馆概况．http：//www. hilib. com/jiansheng/ShowArticle. asp？ArticleID＝340.

② 周伟民．蓄珍藏宝的文昌市图书馆．今日海南，1999（2）：34.

部、海南省图书馆联合编目中心等部门。馆内开设有总服务区、社科图书区、自科图书区、文学图书区、综合图书区、报纸期刊区、地方文献区、古籍阅览区、少儿借阅室、少儿公共电子阅览室、公共电子阅览室、政府信息公开查询中心、视障阅览室、少儿情景体验区、少儿环保 DIY 室、少儿艺术培训活动室、计算机教室、24 小时自助还书区、24 小时自助图书馆等读者服务区。阅览面积达 1.4 万平方米。馆内藏有文献资源 480 多万册（件），其中纸质图书 82 万多册，纸质报刊 32 000 多件，视听文献 3 500 多件，电子图书 390 多万种，电子期刊 17 000 多种。配有普通阅览座席 1 700 多个，供读者使用的计算机 190 多台，拥有丰富的数字文献和先进的网络系统以及现代化的服务设备。此外，馆内还设有报告厅、展览厅、读者服务部、大型停车场等辅助设施。①

为了满足读者需求，传播海南文化，促进学术繁荣，普及科学知识，图书馆特开办了周末公益讲座“海图讲座”。从 2008 年开始，到 2010 年 2 月，已举办各类高层次、高质量的讲座活动 40 多场，吸引了各个年龄层次和不同文化背景的市民 10 余万人次。2010 年 2 月 10 日，海南省图书馆作为发起馆之一，与国家图书馆等 60 多家省级和副省级图书馆联合签署了《全国公共图书馆讲座联盟章程（草案)》，成为了全国公共图书馆讲座联盟的核心成员馆。② 加盟后的海南省图书馆将可共享国家图书馆及联盟成员馆的优秀学术讲座视频资源，推荐本省优秀讲座参加全国公共图书馆讲座联盟巡讲，还将肩负起带动、扶持本省图书馆讲座发展，成立海南省公共图书馆讲座联盟，促进本省图书馆间优质讲座资源的共建共享的职责。

省图书馆丰富的数字资源、高水平的“海图讲座”、内容丰富的文化展览活动、方便快捷的政府信息查询系统、操作简便的 24 小时自助借还书系统等，进一步满足了人民群众日益增长的文化需求，扩大了公共图书馆的社会影响，彰显了公共图书馆的社会价值。

3.4.2 全国文化信息资源共享工程海南省分中心

全国文化信息资源共享工程（以下简称“文化共享工程”）是文化部、财政部于 2002 年起共同组织实施的一项国家重大文化惠民工程。它应用现代信息技术，将中华优秀文化信息资源进行数字化加工与整合，依托各级公共图书馆、文化馆（站）等公共文化设施，通过互联网、广播电视网、无线通

① 海南省图书馆概况 . http：//www. hilib. com/Article/ShowArticle. asp？ArticleID = 75.

② 海南省图书馆成为全国公共图书馆讲座联盟核心成员馆 . http：//www. hainan. gov. cn/data/news/2010/02/96112/.

信网等新型传播载体，在全国范围内实现了中华优秀文化资源的共建共享。文化共享工程是政府提供公共文化服务的重要手段，是实现广大人民群众基本文化权益的重要途径，也是改善城乡基层文化服务的创新工程，在我国公共文化服务体系建设中具有战略性、基础性地位。

截至2011年底，通过广泛整合公共图书馆、博物馆、美术馆、艺术院团及广电、教育、科技、农业等部门的优秀数字资源，文化共享工程数字资源建设总量达到136.4TB，整合制作优秀特色专题资源库207个。到2015年，文化共享工程数字资源总量将达到530TB。[①] 2008年7月，国家图书馆与文化部全国文化信息资源建设管理中心在北京举行了合作签字仪式。国家图书馆精心整理了总量达2.62TB的数字资源，于7月1日起进入到全国文化信息资源共享工程的服务网络中，通过互联网、局域网、电子政务外网、光盘、卫星等多种渠道向全国公众免费提供服务。此次提供的资源内容主要包括：5万种330万册电子图书以及19万种38万册电子图书的远程账号访问；送书下乡精选图书全文数据1 029册；文津图书奖书目数据1 680条，目次数据近10万条，图书全文34.7万页；地方志书目数据2 834条，地方志全文2 834种；在线讲座379场等。以后每年，国家图书馆将为公众提供1万册中文新书。[②] 可见，文化共享工程的数字资源非常丰富。

海南省文化共享工程按照国家的统一部署，由省文体厅和省财政厅联合组织实施，并于2003年成立了“海南省文化信息资源共享工程领导小组”。2006年8月，经省政府批准建立了由省文体厅、省财政厅、省教育厅等9个相关厅局组成的省文化信息资源共享工程厅际联席会议制度，具体工作由文化共享工程海南省分中心承担。文化共享工程海南省分中心设在海南省图书馆，是海南省开展文化信息资源共享工程技术服务、数字资源建设、人员培训的中心，承担着对海南省各级网点的组织协调、管理服务和绩效考核工作。

2007年7月，海南省启动了昌江黎族自治县、五指山市、乐东黎族自治县、保亭黎族苗族自治县、定安县等五个市（县）文化共享工程试点的建设工作，截至2012年8月底，海南省文化信息资源共享工程依托各市县图书馆、乡镇/街道文化站、村文化室，基本建立了辐射全省的服务网络，建成了1个省级分中心（设在省图书馆）、2个地市级支中心（设在市图书馆）、20个县级支中心（设在县级图书馆和海口美兰区、龙华区、秀英区）、205个乡

① 全国文化信息资源共享工程介绍.http：//www.ndcnc.gov.cn/gongcheng/jieshao/201212/t20121212_495375.htm.

② 国家数字图书馆通过文化共享工程网络系统服务公众.http：//www.ndcnc.gov.cn/tushuguan/zoujin/201301/t20130114_529034.htm.

镇基层服务点（设在乡镇文化站）、2 556 个行政村基层服务点（设在村文化室），实现了县、乡、村服务网点全面覆盖的目标。随后又开展了省分中心与市县支中心、乡镇基层服务点互联互通的专网建设。省文体厅与中国有线海南分公司合作，成功研发了适合海南文化共享工程信息资源管理、发布、播出的平台，创建了数字电视文化共享工程视频专用频道（401 频道）。在“进村入户”方面，以数字电视整体转换为契机，开通了“文化共享频道”，给数字电视用户提供免费自主浏览文化共享工程图文信息资源的服务，有效地补充了各级中心、站点服务网络的不足，拓展了信息资源传输渠道。①

海南省文化共享工程高度重视数字资源建设，除了国家中心下发的农业科技、城镇务工技术、医疗卫生、科普知识、讲座、优秀电影、综艺节目等视频格式资源，以及电子图书、法律法规和综合知识等文本格式资源外，还充分利用社会力量引入竞争，通过公开招标等方式，委托专业公司制作海南特色数字资源。现已制作了《走进海南》、《海南非物质文化遗产保护》、《海南黎族》、《热带资源》、《旅游文化》、《琼剧艺术》、《海南省国际旅游岛数字资源》、《热带高效农业数字资源》、《重大赛事活动》等 9 个专题项目。现已有 2.3 万分钟视频资源、5 万多张图片、400 多万文字。② 打开海南有线数字电视 401 频道，即可观看“海南非物质文化遗产”、“黎族文化”、“走进海南”、“热带高效农业”、“海南国际旅游岛”等一系列具有海南地方特色的专题资源。随着文化共享工程的深入推进，海南省文化共享工程已经与农业、教育、科技、信息产业等行业形成了广泛的合作共建，征集和制作了农业种植技术、养殖技术、城镇务工技术、致富信息等资源。此外，还征集到了 6 144 场公益讲座视频资源，内容包括文学艺术鉴赏、历史地理、医疗保健、普法教育和科普知识等。

开展便民服务。海南省各级中心、站点除依托本单位场地开展室内阵地服务外，还积极利用投影设备、移动存储设备开展室外服务，派出工作组深入农村、学校、厂矿、光荣院、监狱等场所为广大群众播放农村养殖技术、种植技术、城镇务工技术、优秀电影、讲座和各类综艺节目，不仅初步解决了农民看书难、看戏难、看电影难的问题，而且丰富了群众的业余文化生活，极大地满足了基层群众求知识、求富裕、求健康的迫切需求。截至 2010 年

---

① 我省文化信息资源共享工程实现县乡村服务网络全覆盖. http://www.hainan.gov.cn/hn/yw/zwdt/tj/201209/t20120905_771216.html.

② 海南文化信息资源共享工程 8 年扎根基层. http://www.hq.xinhuanet.com/news/2011-07/19/content_23270580-1.htm.

底，全省文化共享工程专兼职人员共计2 837人[①]。

“十一五”期间，海南省文化共享工程虽然取得了一定的成绩，但在发展过程中还存在一些亟待解决的问题[②]：①工作机构、人员编制没有得到落实。没有编制，工作人员只能由图书馆抽调人员组成，不利于工作的深入开展。②市县支中心及基层服务点普遍存在专项运行经费不足、技术管理人员偏少、数据存储容量偏低、特色数字资源不多等问题。③基层服务点普遍存在设备使用率低，共享工程资源没有得到真正应用的问题。④专（兼）职管理人员的技术水平和业务素质亟待加强。特别是村级基层服务点，全部是兼职人员代管设备，技术水平低，没有能力，没有条件，没有时间保证，很难使设备正常运行，方便乡村群众使用。

3.4.3 公共电子阅览室建设计划

公共电子阅览室建设计划[③]是文化部、财政部在“十二五”期间实施的一项文化惠民工程。其总体目标是以科学发展观为指导，坚持公益性、基本性、均等性、便利性原则，以保障人民群众基本的文化权益为目标，以未成年人、老年人、进城务工人员等特殊群体为重点服务对象，依托文化共享工程的服务网络和设施，以及文化共享工程、国家数字图书馆丰富的数字资源，与文化共享工程建设、乡镇文化站建设、街道（社区）文化中心（文化活动室）建设以及中央文明办组织实施的“绿色电脑进西部”工程相结合，在城乡基层大力推进公共电子阅览室建设，努力构建内容安全、服务规范、环境良好、覆盖广泛的公益性互联网服务体系。其建设内容之一是完善设施条件，重点推进乡镇和街道、社区公共电子阅览室的建设。按照面积不少于40平方米、终端计算机不少于10台、局域网存储空间不少于1TB、互联网出口带宽不低于2M的标准，建设规范的乡镇、街道（社区）级公共电子阅览室。目前，文化共享工程在乡镇、街道、社区基层点的计算机配置分别为4台、7台、3台，在“十二五”期间有计划地增加至10台以上，使其达到公共电子阅览室的设备配置标准，到“十二五”末，努力实现公共电子阅览室在全国所有乡镇和街道、社区的全面覆盖。公共电子阅览室实行免费开放，为广大人民群众特别是未成年人提供公益上网场所，吸引广大人民群众参与积极、健康的网络文化活动。

---

① 全国文化信息资源共享工程海南省分中心．http：//www. hilib. com/Article/ShowArticle. asp? ArticleID = 181.

② 海南省文化共享工程建设情况及存在的问题．http：//www. doc88. com/p - 087655439875. html.

③ 文化部、财政部关于印发《“公共电子阅览室建设计划”实施方案》的通知．http：//www. ndcnc. gov. cn/fagui/fagui/201303/t20130311_ 591321. htm.

海南省文体厅高度重视“公共电子阅览室建设计划”，并积极组织推进相关工作，要求各市（县）文体局做到以下几点：①要按要求加快推进公共电子阅览室建设，没有完成建设任务的市县必须在2013年3月底前按照配置标准完成建设任务。②为保证公共电子阅览室技术平台建设工作任务的顺利完成，各单位要根据已有的设备配置和使用情况，对照文化部印发的《公共电子阅览室设备配置标准》和《2012年度乡镇、街道（社区）公共电子阅览室增补配置标准》认真进行核对，查漏补缺，以满足与省级分中心平台系统的对接要求。③省级分中心（省图书馆）负责海南省公共电子阅览室技术平台总体建设方案的制定、申报备案、实施、验收，实现与国家中心平台系统的对接，并指导市县做好平台建设和对接工作；县级支中心（市县图书馆）负责本市县及乡镇公共电子阅览室技术支持、资源调度、管理服务、人员培训和与省级分中心平台系统的对接联调工作[①]，从而保证海南省公共电子阅览室建设计划的顺利实施。

3.4.4 数字图书馆推广工程

2011年，文化部、财政部共同推出“数字图书馆推广工程”。这是继全国文化信息资源共享工程、公共电子阅览室建设计划后，启动的又一个重要的数字文化建设工程。其建设目标是建设分布式的公共文化资源库群，搭建以各级数字图书馆为节点的数字图书馆虚拟网，建设中华优秀文化集中展示平台、开放式信息服务平台和国际文化交流平台，打造基于新媒体的公共文化服务新业态，最终实现数字图书馆的服务惠及全民，切实保障公共文化服务的公益性、基本性、均等性和便利性，最大限度地发挥数字图书馆在文化建设中引导社会、教育人民和推动发展的功能。国家图书馆作为数字图书馆虚拟网的网络中心，与各个省馆、市馆之间能够在虚拟网上相互通信。在虚拟网上有国家图书馆及各地方馆的数字资源，到馆读者在无须用户认证的情况下，即可访问网上数字资源。[②]

海南省文体厅高度重视“数字图书馆推广工程”的工作。近年来，省图书馆加快与全省各市县公共图书馆和乡镇文化站的数据传输专网建设，完成了将全省各级公共图书馆和乡镇文化站接入“数字图书馆推广工程”虚拟专网的前期工作。2013年3月，在国家图书馆的大力协助下，海南省图书馆最终解决了因复杂的网络拓扑结构带来的技术难题，顺利完成了虚拟专网

① 海南省文化广电出版体育厅转发文化部办公厅关于做好公共电子阅览室技术平台建设工作的通知. http://xxgk. hainan. gov. cn/hi/HI0109/201302/t20130220_ 910452. htm.

② 数字图书馆推广工程. http://www. ndlib. cn/.

（VPN）建设，即完成了将全省各级公共图书馆和乡镇文化站接入“数字图书馆推广工程”虚拟专网的工作，这标志着海南省图书馆“数字图书馆推广工程”建设取得了圆满成功。国家图书馆通过该虚拟专网，将“数字图书馆推广工程”资源建设成果和一批优秀的普适性商业数字资源与海南省读者共享，其中包括100余万册中外文图书、700余种中外文期刊、7万多个教学课程、1万余张图片和18万件档案全文等，资源总量超过120TB。[①] 今后，海南省读者均可到各公共图书馆、乡镇文化站电子阅览室，通过登录海南省图书馆网站“数字图书馆推广工程”栏目即可访问上述资源。

3.4.5 古籍保护

2007年1月7日，国务院办公厅发布了《关于进一步加强古籍保护工作的意见》（国办发〔2007〕6号），对全国古籍保护工作和“十一五”期间重点开展的古籍保护工作进行了总体部署。同年2月28日至3月1日，文化部在北京召开了全国古籍保护工作会议。文化部副部长周和平就全面开展古籍保护工作进行了部署，要求重点做好以下几项工作：①全面开展普查工作。这次普查工作是新中国成立以来第一次全国范围内的全面普查，从2007年起全面铺开。并要求各省、自治区、直辖市文化厅局切实承担本地普查工作的组织责任，各省、自治区、直辖市图书馆具体负责本地普查的实施工作。②建立《国家珍贵古籍名录》。各省、自治区、直辖市也可建立本省、自治区、直辖市珍贵古籍名录。③命名全国古籍重点保护单位。各省、自治区、直辖市也可命名省级古籍重点保护单位。④加强古籍保护队伍建设。⑤做好珍贵古籍修复工作。⑥积极利用古籍保护成果。各级文化部门和单位要积极有效地利用古籍保护的成果，向社会和公众开放古籍资源，为公众提供方便快捷的文献服务，充分发挥古籍在学术研究和文化建设上的积极作用。[②] 2007年5月25日，中国国家古籍保护中心成立，设在国家图书馆。

为贯彻落实国务院办公厅下发的《关于进一步加强古籍保护工作的意见》、全国古籍保护工作会议精神和《海南省人民政府办公厅转发国务院办公厅关于进一步加强古籍保护工作意见的通知》（琼办发〔2008〕7号），2009年1月14日，由海南省文体厅牵头，海南省图书馆在海口举办了为期三天的海南省首届古籍普查培训班。其主要任务是部署全省古籍保护工作，启动海南省古籍保护计划，开展古籍普查、分类著录、定级定损和书影制作等学习

---

① 海南建成“数字图书馆推广工程”虚拟专网. http://www.ccnt.gov.cn/whzx/qgwhxxlb/hainan/201303/t20130329_416438.html.

② 徐涟. 中华古籍保护计划启动. 中国文化报，2007-03-01.

培训，推动古籍保护工作全面、科学、规范地开展。来自全省25家图书馆的馆长和古籍工作人员共54人参加了学习培训。① 随后，各单位开展了古籍普查、建立古籍联合目录、申报国家珍贵古籍名录、申报全国古籍重点保护单位等工作。

在古籍普查和申报中，海南师范大学图书馆馆藏的明徐氏东雅堂刻本《昌黎先生集》，经国务院批准，入选第二批《国家珍贵古籍名录》，这是海南省目前唯一一部入选《国家珍贵古籍名录》的古籍善本。截至2014年6月，海南省登记在全国古籍普查平台中的古籍有22 124种23 702册，其中海南师范大学图书馆753种13 775册、海口图书馆652种4 648册、琼台师范高等专科学校图书馆185种2 144册、文昌市图书馆78种700册、省民族博物馆479种1 478册、海南大学图书馆19种、海南省图书馆15种、省档案馆3种、儋州一中图书馆28种。②

2012年6月，为进一步扩大古籍普查范围，海南省文体厅向社会发布公告，开展全省民间收藏古籍的普查登记工作，普查登记的范围为：海南省行政区域内企业、个人或私人收藏机构所藏，产生于1912年以前的文献古籍，包括汉文古籍和少数民族文字古籍，以及甲骨、简帛、敦煌遗书、碑帖拓本、古地图等文献。其中，部分文献的收藏年限可适当延伸。登记时间为2012年6月10日至11月30日，登记地点设在海南省古籍保护中心，再次大范围地搜救和保护海南地区收藏的文献古籍。在将近半年时间内，已征集到本省内300多册古籍的信息。③

随着古籍普查工作的开展，2012年5月，海南省文体厅制定并下发了《海南省珍贵古籍名录申报评审暂行办法》、《海南省古籍重点保护单位申报评定暂行办法》，决定在2012年年底完成全省古籍普查工作后，组织开展海南省珍贵古籍名录和古籍重点保护单位申报评定工作。

2013年初，海南省文体厅组织开展了首批《海南省珍贵古籍名录》和“海南省古籍重点保护单位”申报评选工作。第一批参加申报的有8家古籍收藏单位和一些社会个人收藏者，其中申报参评第一批《海南省珍贵古籍名录》的古籍有764部，申报参评第一批“海南省古籍重点保护单位”的有5家，涉及省内公共图书馆、高校图书馆、档案馆、博物馆等行业的相关单位和个人。经古籍保护专家评审委员会进行初评、复评、实地核查，共推荐了54部

---

① 海南省古籍普查工作开始全面实施. http://www.hilib.com/whxc/ShowArticle.asp? ArticleID =647.

② 全国古籍普查平台. http://218.77.187.87:8080/nlcab/ABAction! init.action.

③ 李佳飞，李婧. 保护海南古籍，所有人的责任. 海南日报，2012-12-10.

古籍、1家候选单位向社会公示，广泛征求意见。①

2013年8月23日，海南省人民政府副省长王路在省政府主持召开会议，审议由省文体厅呈报的第一批《海南省珍贵古籍名录》和“海南省古籍重点保护单位名单”。省发改委、省教育厅、省科技厅、省民宗委、省财政厅、省文体厅、省档案局（馆）、省文体厅社文处、省图书馆等单位的领导和代表出席了会议。会议审议通过了第一批《海南省珍贵古籍名录》和“海南省古籍重点保护单位名单”。②

2013年8月26日，海南省人民政府正式公布了第一批《海南省珍贵古籍名录》和第一批“海南省古籍重点保护单位名单”（琼府字〔2013〕54号）。海南师范大学图书馆是唯一一家入选省级古籍重点保护单位的单位。54部省级珍贵古籍分别藏于海南师范大学图书馆、海南省图书馆、海南大学图书馆、海南省档案局（馆）、海口图书馆、文昌市图书馆，其中海南师范大学图书馆馆藏《昌黎先生集四十卷外集十卷遗文一卷朱子校昌黎先生集一卷》等32部古籍入选《海南省珍贵古籍名录》。

3.4.6 公共图书馆自动化工作

海南省的公共图书馆中最早运用计算机开展自动化管理的是海口图书馆，然后是昌江黎族自治县图书馆、三亚市图书馆，使用的管理系统都是深圳图书馆自动化集成管理系统（ILAS）。其余市（县）图书馆的自动化、网络化、电子阅览室建设，均得益于文化部、财政部实施的全国文化信息资源共享工程。从2007年开始，连续三年通过全国文化信息资源共享工程专项资金和地方配套资金，海南分三批次对全省县级图书馆进行了自动化建设、电子阅览室等现代化设施建设。每个县级馆都配备服务器3台、容量不同的存储阵列1台和投影设备，迄今，海南省20个馆都实现了自动化管理，完成了电子阅览室等现代化基础设施建设。截至2013年底，除海口图书馆和第一批进行自动化建设的定安县图书馆、五指山市图书馆和乐东县图书馆共4个市县馆使用ILAS Ⅱ图书馆集成管理系统外，其他16个图书馆都使用INTERLIB图书馆集成管理系统。省馆和各市县馆还通过专线联网，实现了数字资源共享，读者在各市县馆电子阅览室均可查阅省馆的数字资源。省馆实现了馆内自助借还书管理，建起了24小时自助图书馆。三亚市图书馆还在街区建立了19个24小时自助图书馆。图书馆自动化、网络化建设，为全省公共图书馆走向协同

---

① 海南省人民政府公布《第一批海南省珍贵古籍名录》和“第一批海南省古籍重点保护单位名单”. http://www.hilib.com/whxc/ShowArticle.asp?ArticleID=1834.

② 海南省人民政府副省长王路主持召开会议审议《第一批海南省珍贵古籍名录》和“海南省古籍重点保护单位名单”. http://www.hilib.com/whxc/ShowArticle.asp?ArticleID=1807.

建设与发展奠定了基础。但如何利用网络平台——图书馆网站（主页）开展高效、便捷的网络宣传与服务，还尚未引起图书馆的重视，截至2012年底，还有13个县级图书馆没有自己的网站（主页）。

3.4.7 海南省图书馆协会

2009年3月，经海南省民政厅批准，海南省图书馆协会成立，这标志着海南省图书馆开始走向行业管理、各系统图书馆开始走向协同发展之路，也标志着海南省的图书馆事业迈上了一个新台阶。同年3月26日，海南省图书馆协会第一届会员代表大会在海南省图书馆多功能报告厅隆重召开，中国图书馆学会秘书长汤更生女士出席会议并致辞。省文体厅副厅长朱寒松（现任文体厅厅长）在会上作了重要讲话，指出海南省图书馆协会的成立，标志着海南省图书馆事业在由政府管理逐步转向行业管理方面迈出了重要一步，而海南省图书馆协会会员代表大会的召开，将成为海南省图书馆建设发展史上的一个里程碑。他认为发展好图书馆事业，不但是各级政府、各级领导的责任，更是各位图书馆人的共同责任。为此，他对海南图书馆界提出了五点希望：①要强化学习意识，用自身的学习带动全省学习风气的形成。积极为构建学习型社会、建设文化海南带好头、服好务。②要强化大局意识，不断增强责任感和使命感。作为公益性文化服务单位，我们要站在时代的新起点上，以全新的视角、全新的思维、全新的精神面貌迎接海南开发建设的新高潮。③要强化服务意识，牢固树立为全省人民服务的理念。图书馆的事业是为全省人民服务的伟大事业，服务好全省经济建设这个大局是每个图书馆人共同的责任和义务。④要强化创新意识，力争在科研项目上出成果。开展学术研究、课题研究是图书馆事业的需要，也是时代发展的要求。⑤要强化协作意识，形成全省图书馆行业一盘棋思想。海南省图书馆协会成立后，省内各馆之间要加强沟通、交流与合作，不断提高海南省图书馆事业的整体建设水平，真正实现资源共享。①

大会表决通过了《海南省图书馆协会章程》，并选举产生了第一届理事会。大会决定选举海南省图书馆馆长马苏亚为海南省图书馆协会会长（2011年因人事调动，由彭国爱任海南省图书馆馆长、海南省图书馆协会会长），张信文、于挽平、黄海、杨威胜、李春、林江云、赵金华、赵会平为副会长，黄海为秘书长，李春、温小明、缪军、郭玉光、李冕斌、杨武为副秘书长。同时大会选举了常务理事22人、理事75人，并就专业委员会设置等有关问

---

① 朱厅长在海南省图书馆协会第一次会员代表大会上的讲话．http：//www.lsc.org.cn/c/cn/news/2009－03/26/news_ 2949.html.

题进行了商讨。

海南省文体厅文化处处长陈良、政策法规处副处长马仲川出席了大会。来自省图书馆、省内各高校图书馆、各市县公共图书馆、科研信息机构、省委党校图书馆、省内中小学图书馆、省内外企业会员等45家单位约150位会员代表也参加了会议。

协会的成立，架起了与中国图书馆学会、各省图书馆学会联系的桥梁，为海南图书馆界业务交流与合作搭建了一个广阔的平台，为省内图书馆界开展学术研究、读者服务与业务管理创造了有利条件，海南图书馆从此结束了各自为政、自我发展的局面，走上了有组织、协同发展之路。

协会在成立后的四年里开展了如下几个方面的工作：①建章立制，出台了《海南省图书馆协会章程》，设立了五个专业委员会和六个分支机构。五个专业委员会分别是学术研究委员会、数字图书馆建设委员会、未成年人教育委员会、读者工作委员会和职业与评价委员会。六个分支机构分别是公共图书馆分会、高校图书馆分会、科研院所分会、医院图书馆分会、企业图书馆分会和中小学图书馆分会。五个专业委员会设主任1名、副主任2~3名、委员若干名。六个分支机构中有4个机构仅设有主任1名，无成员，另外两个机构即企业图书馆分会和中小学图书馆分会有名无人。②组织专业培训，提高全省图书馆从业人员的业务水平。2009年省图书馆协会与国家图书馆学会进行合作，在海南省图书馆举办了“志愿者行动——基层图书馆馆长培训班”，国家图书馆学会组织专家对海南省基层图书馆馆长进行了为期三天的培训。2011年11月，又与全国图书馆联合编目中心合作举办了“中文图书机读目录格式及《中图法》第五版”培训班，来自省内外的一百多人参加了培训。2012年，组织开展了“公共图书馆服务规范”培训班，培训全省公共图书馆馆员。③组织馆员参加学术活动与参观学习。2009—2013年全省获得“中国图书馆学会年会征文（案例）三等奖”以上的有18人，在“第十一届中国社区乡镇图书馆发展战略研讨会”、“第十一届全国民族地区图书馆学术研讨会”、“第三届百县馆长论坛征文活动”等多个征文活动中也多次获奖。组织市县馆参加中国图书馆学会主办的百县馆长论坛，到发达地区的图书馆参观学习。④组织开展阅读推广活动。四年来，全省先后有三亚市图书馆、昌江黎族自治县图书馆和海口经济学院图书馆等单位获得了“全民阅读先进单位”，海口经济学院图书馆在“全民阅读年会（2013）”上获“阅读推广优秀案例奖”。协会还组织全省公共图书馆开展文化信息资源共享工程工作，开展送知识、送技术下乡活动，共派出50多人次分别到全省18个市县开展活动，为基层图书馆送去了设备、图书、技术等。⑤发展会员。截至2013年，海南省有中国图书馆学会会员 77 人，海南省图书馆协会团体会员 45 人、个人会员 365 人。

然而，由于海南省图书馆协会成立时间较短，各项工作仍处于起步和摸索阶段，因而协会在全省图书馆界的主导作用、影响力尚未发挥出来，各专业委员会、分支机构也仅仅是成立而已。

2013 年 11 月 29 日，海南省图书馆协会第二届会员代表大会在海南省图书馆多功能报告厅召开，会议议程是审议第一届理事会工作报告与财务情况报告、换届选举、章程修改说明。

会议选举产生了第二届理事会。会议决定选举海南省图书馆馆长李彤为海南省图书馆协会会长，王书印、张信文、于挽平、顾江洪、郭玉光、赵金华、赵会平、李春为副会长，罗敏为秘书长，李冕斌、罗昌华、李小平为副秘书长，缪军为财务总监。同时，大会选举了常务理事 20 人、理事 55 人。

会议确定了学术委员会、数字图书馆建设委员会、未成年人教育委员会、读者工作委员会、职业教育评价委员会等 5 个专业委员会主任、副主任和委员的人选；确定了公共图书馆分会、高校图书馆分会、科研院所分会、党校图书馆分会、医院图书馆分会、中小学图书馆分会、企业分会等 7 个分支机构主任、副主任和成员的人选。会议要求各专业委员会和分支机构要充分发挥作用，各机构负责人要尽快完善其组织机构，制订年度工作计划，积极开展工作，推动海南省图书馆事业的发展。

此外，会议还确定了《海南图书馆建设与研究》学术内刊编辑委员会成员、编辑部成员，并出版了第一期。

海南省文体厅副厅长刘曦、文化处处长陈莹、文化处调研员杨武出席了会议，刘曦副厅长在会上作了讲话。全省公共图书馆、高校图书馆、科研信息机构、党校图书馆、医院图书馆、中小学图书馆以及企业等系统共 180 多位会员代表参加了会议。

这一时期是海南省公共图书馆的快速发展期，文化共享工程的启动与推进，促进了各馆的自动化建设，实现了计算机管理。数字图书馆推广工程建设，使海南省公共图书馆实现了省—市（县）—乡镇综合文化站互联互通，极大地方便了民众利用电子文献，也弥补了市县图书馆文献资源不足的问题。省图书馆的落成开馆与海南省图书馆协会的成立，推动了海南省各系统图书馆、各图书馆间的联合合作与协同发展。此外，澄迈县图书馆 4 800 平方米新馆、保亭县图书馆4 972平方米新馆的落成开馆，更是使公共图书馆人看到了图书馆发展的远景。

4 海南省公共图书馆现状与问题分析

4.1 图书馆馆舍建设

海南省公共图书馆建设体制和全国一样，由一级政府负责一个公共图书馆的建设和管理，图书馆都分布在各市（县）政府所在城镇。截至 2013 年 5 月，海南省共有独立建制的公共图书馆 20 个，其中省图书馆 1 个，地级市图书馆 2 个，县级馆 16 个，区级馆 1 个。全省 20 个公共图书馆总建筑面积达 84 990 平方米，其中建省后新建的具有独立馆舍的海南省图书馆、三亚市图书馆、琼海华侨图书馆、澄迈县图书馆、保亭黎族苗族自治县图书馆、琼山区图书馆、东方市图书馆和昌江黎族自治县图书馆共 8 个馆舍的建筑面积为 57 882 平方米，占总建筑面积的 68.1%。

省图书馆位于省会城市海口市，馆舍建筑面积为 28 000 平方米。海口市辖 4 个区，有 1 个市图书馆和 1 个琼山区图书馆。三亚市无县级区，只有 1 个市图书馆。其他 16 个市（县）图书馆总建筑面积为 39 690 平方米，平均每个馆馆舍面积 2 480 平方米。目前，海南省公共图书馆中 10 个馆有独立馆舍（见表 4－1），10 个馆没有独立馆舍，它们和市（县）文体局、文化馆或其他单位合用一幢楼。此外，个别馆舍还存在出租或借用现象。

表 4－1　独立馆舍图书馆一览表（人口为 2010 年 11 月 1 日统计）

单位 内容	海南省图书馆	海口市图书馆	三亚市图书馆	琼海华侨图书馆	澄迈县图书馆	保亭县图书馆	琼山区图书馆	东方市图书馆	昌江县图书馆	万宁市图书馆
建筑面积（平方米）	28 000	3 800	10 800	3 000	4 800	4 972	2 700	1 500	2 100	2 008
新馆落成时间	2007	1986	2002	1992	2009	2012	1993	1995	1995	1987
市（县）常住人口（万）		204.6	68.5	48.3	46.7	14.6	48	40.8	22.3	54.5

公共图书馆是人们寻求知识，接受自我教育、终生教育的场所。人们到图书馆除完成信息检索、学习外，还可以听讲座、看展览、研讨交流、开会、交友、参观、体验、休闲与娱乐。图书馆已不再是传统的借还书的图书馆，它已成为人们的第三空间，成为一个地方最值得骄傲的公共建筑。然而，海南省有一半的图书馆却隐居于多单位共用的办公大楼内，一眼望去，各单位门牌林立，给人的视觉就是一幢综合办公大楼，让人根本意识不到楼内有图书馆，而这已制约了图书馆的利用与发展。在省会城市的海口图书馆，虽有独立馆舍，楼高八层，但建筑面积窄小、无绿化用地、无停车场所，购书经费不足、书库空间紧张，图书馆环境、馆舍空间已远远不能适应省会城市图书馆发展的需要，也不能满足市民的文化需求，更不适应省会城市的发展。

馆舍空间是图书馆不可或缺的重要资源。正如北京大学图书馆馆长朱强在北京大学图书馆建馆 110 周年庆典上所说的："无论大学图书馆进化到什么程度，馆舍空间无论对于读者还是对于馆员来说，还是须臾不可缺的。资源、设备和服务总是要在一定的空间里才能发挥作用，建筑空间制约着资源的布局和流动，制约着设备类型的选择和性能的发挥，更重要的是它制约着服务创新的想象力。馆员没有优越的建筑空间，就像杰出的艺术家找不到适合的舞台。"[①] 虽是论及大学图书馆，但公共图书馆何尝不是如此。可喜的是，无独立馆舍的琼中县、五指山市、儋州市等 7 个市县已规划在"十二五"期间建设新图书馆。

4.2 图书购置经费与馆藏量

2012 年，海南省图书馆文献资料经费为 1 347.5 万元，其中购书经费为 547 万元，与国内其他省级馆相比，购书经费处于较低水平。[②] 2010—2012 年，海口图书馆年购书经费为 20 万元，年人均购书经费仅 0.098 元；三亚市图书馆年购书经费为 80 万元，年人均购书经费仅 1.17 元；其他市（县）馆年购书经费在 10 万元以下，有的仅 3 万 ~4 万元。2012 年，全省公共图书馆年购书经费为 787 万元，年人均购书经费仅 0.9 元。截至 2012 年底，省图书馆馆藏纸质书共 82.84 万册，海口图书馆馆藏纸质书共 36 万册，三亚市图书馆馆藏纸质书共 31.5 万册，其他 17 个市（县、区）馆馆藏纸质书共 162.23 万册，全省公共图书馆馆藏纸质书共 312.57 万册，人均藏书仅 0.36 册，人均年购书经费和人均藏书都低于同期全国水平。2012 年，全国人均拥有公共图

---

① 朱强．北京大学图书馆的历史、现状与展望．大学图书馆学报，2012（6）：13.

② 王珏．公共图书馆，难题还不少．人民日报，2013 -07 -25.

书馆藏书为0.58册，人均购书经费为1.09元。[①] 2012年年底，全省平均每馆藏书为15.62万册（件），而2009年底，全国公共图书馆平均每馆藏量为20.5万件（套），地市级公共图书馆馆平均藏书为46.6万册（件）。[②] 海南省各级馆馆藏都低于全国同级馆平均馆藏，有的馆不仅馆藏量少，而且图书陈旧。

馆藏是图书馆开展服务的基础，经费是图书馆发展最重要的支撑条件。没有经费，便无法补充资源；没有资源，图书馆就形不成服务能力；没有服务能力，图书馆就吸引不来读者；没有读者，图书馆想在社会发展和文明进步中发挥作用就是空谈；看不到图书馆的作用，奢望政府首先增加对图书馆的资金投入似乎又是难题。

图书馆运营有一条基本规律：要真正形成对读者的持续吸引力，真正发挥作用，经费保障必须持续达到“临界水平”。所谓“临界水平”，就是满足开展基本服务需求的水平。比如，文献资源要对读者形成持续的吸引力，首先就必须有基本的总量，同时有基本的更新量。国外图书馆最小规模的藏书量为50 000册，年更新量不少于总藏量的1/8～1/7，就是这样一个在经验基础上形成的量化指标。图书馆开展的活动要对公众形成持续的吸引力，就必须让活动系列化、多样化、定时化、品牌化。经费保障满足了这样的基本需求，就是达到了“临界水平”。相反，经费投入达不到“临界水平”，就无法形成图书馆的持续吸引力，无法形成图书馆基本的服务能力，所做的投入基本上属于浪费。俗话所说的“养图书馆比建图书馆难”，就是这个道理。[③]

4.3 专业队伍建设

截至2012年底，海南省公共图书馆从业人员有321人，其中高级职称6人，占1.8%；中级职称58人，占18%；初级职称177人，占55.1%。没有正高职称人员，副高职称6人都在省图书馆，各市（县）图书馆没有一名高级职称人员，6个县级馆没有一名中级职称人员。5个县级馆从业人员仅有5～6人。

以下为海南省从业人员的学历及专业情况：硕士研究生4人，占1.2%；大专以上211人，占65.7%。图书馆专业毕业人员7人，占2.1%；计算机专

---

① 王珏．公共图书馆，难题还不少．人民日报，2013－07－25.

② 周和平．以免费开放为契机　全面提升我国图书馆公益性服务水平．中国图书馆学报，2011（3）：4～6.

③ 李国新．立足新变化　突破新问题　推动县级公共图书馆持续发展——第三届百县馆长论坛主旨发言．图书与情报，2010（4）：3.

业毕业人员 18 人，占 5.6%。其中，省馆硕士研究生 4 人、图书馆专业毕业人员 1 人、计算机专业毕业人员 10 人；海口图书馆图书馆专业毕业人员 3 人、计算机专业毕业人员 2 人；三亚市图书馆计算机专业毕业人员 2 人，没有图书馆专业毕业人员。在人才引进方面，省图书馆引进了 4 名副高职称人员。由于专业人员缺乏，作为网络时代图书馆对外宣传与服务的重要窗口——图书馆网站（主页）截至 2012 年底还有 13 个馆没有建立，图书馆实施计算机管理与软硬件维护也遇到许多问题，人才缺乏是海南省公共图书馆发展面临的最大问题。此外，有的图书馆还存在人员偏少的现象，甚至难以应付日常的开馆（见表 4 –2）。

表 4 –2　图书馆从业人员数量、学历与职称情况一览表

情况 单位	总人数	学历情况			职称情况		
		研究生	全日制大专以上	函授大专以上	高级	中级	初级
海南省图书馆	98	4	88	0	6	24	37
海口图书馆	31	0	11	12	0	7	16
三亚市图书馆	34	0	10	15	0	10	16
五指山市图书馆	15	0	2	3	0	2	10
文昌市图书馆	4	0	0	1	0	0	4
琼海市图书馆	10	0	4	5	0	4	6
万宁市图书馆	15	0	0	3	0	0	14
安定县图书馆	12	0	3	6	0	1	10
屯昌县图书馆	9	0	3	2	0	1	5
澄迈县图书馆	14	0	1	6	0	0	11
临高县图书馆	5	0	0	4	0	1	3
儋州市图书馆	8	0	1	3	0	1	6
东方市图书馆	8	0	1	2	0	1	5
乐东县图书馆	6	0	0	2	0	0	0
琼中县图书馆	5	0	1	1	0	0	4
保亭县图书馆	12	0	0	3	0	1	5
白沙县图书馆	7	0	0	6	0	2	5
陵水县图书馆	5	0	2	3	0	0	3
昌江县图书馆	9	0	0	4	0	1	6
琼山区图书馆	14	0	1	2	0	2	11
合计	321	4	128	83	6	58	177

而全国的情况又如何呢？表 4－3 是 2009 年全国县（区）图书馆的从业人数及职称结构表①，其中海南省在 2012 年的统计数据是作者增加的，内含地级市馆。从表中比较也可看出，海南省市县图书馆从业人员的职称明显偏低。

表 4－3　全国县（区）图书馆的从业人数及职称结构

项目 地区	全国	东部	中部	西部	海南省
总人数（个）	30 395	12 775	9 091	8 529	223
机构数（个）	2 491	845	749	897	19
平均每馆人数（个）	12.2	15.1	12.1	9.5	11.7
高级职称（个）	1 226	677	284	265	0
高级职称占总人数的比例	4.03%	5.30%	3.12%	3.11%	0
中级职称（个）	8 745	3 817	2 726	2 202	34
中级职称占总人数的比例	28.77%	29.88%	29.99%	25.82%	15.24%

今天的图书馆已不再是传统的借还书的图书馆，它承担着文献信息资源的收集、整理、存贮、传播、研究、开发和服务等任务，是社会信息化的重要节点，承担着满足公众文献信息资源需求的社会责任。在信息时代，信息泛滥和信息匮乏并存，它们影响着信息效能的充分发挥。信息效益最大化必须以信息的针对性选择、有序化组织和传播为基础，而图书馆馆员正是信息集散地中的信息资源“导航者”。从这个意义上说，图书馆馆员所从事的工作，在很大程度上控制着，至少是影响着信息的选择、组织、保存和传播。图书馆馆员通过自己的专业工作整合和优化了信息，并通过图书馆这一信息集散地向社会传播，最终影响着人们的精神世界，影响着社会发展的进程。②

有学者提出过这样的公式：建筑物＋信息资料＋馆员＝100%的图书馆服务。也有人说建筑物占 5%，信息资料占 20%，馆员占 75%。暂且不论这种

① 王超．公共文化服务体系建设环境下经济欠发达地区县（区）图书馆可持续发展研究——以陕西省为例．西北大学硕士学位论文，2009.20.

② 李国新．《中国图书馆员职业道德准则》解说．中国图书馆馆员职业道德准则．北京：北京图书馆出版社，2003.

比例的分配是否科学，但是从中不难发现图书馆馆员在用户服务工作中占据着重要地位，是图书馆能否发挥作用的重要影响因素。由此可见，图书馆馆员的知识素养、文化水平至关重要。没有高素质的图书馆馆员，就不能很好地完成图书馆承担的社会责任。因此，加强人才培养和引进高层次人才是图书馆发展的当务之急。

4.4 持证读者数量

截至2012年底，海南省公共图书馆发放有效借阅证累计达93 111个，其中，省馆发放65 603个，海口图书馆发放3 789个，三亚市图书馆发放13 249个，其他16个市（县）图书馆发放10 310个。16个市（县）图书馆平均每馆发放644个借阅证，其中有7个馆发放的借阅证总量低于平均值，数量不到200个。16个市（县）馆持证读者总数占16个市（县）总人口的0.17%，而全国公共图书馆有效持证读者，2009年是1.3%[①]。借阅证发放数量表明了公共图书馆的有效读者数量，是衡量图书馆服务效益的指标之一，反映了一个图书馆对读者的吸引力、服务能力、利用率。持证读者少，说明图书馆利用率低，吸引不来读者。图书馆门庭冷落，人们就看不到图书馆的作用，自然影响到图书馆的建设与发展。

4.5 海南地方文献

海南在建省前是广东省的一个行政区，广东省立中山图书馆从创办至今，非常重视地方文献工作，因而收藏有大量的海南岛和南海诸岛文献，隶属广东省的海南各市（县）图书馆发展落后，也没有意识到应当收藏海南地方文献。海南建省后，由于省图书馆2007年才建成开馆，所以一切从零开始。各市（县）图书馆建馆虽早，但由于经费投入不足、人员匮乏、对地方文献管理工作重视不够等因素，地方文献搜集极其有限。截至2012年8月，海南省公共图书馆初具收藏规模的图书馆有省图书馆、海口和三亚2个地级市图书馆、文昌市图书馆。省图书馆设有地方文献与古籍部，收藏海南古籍与地方文献，现有海南地方文献4 000多种7 000多册。2005年10月，海南省文体厅向全省各图书、报纸、期刊、音像和电子出版单位下发了《关于向省图书馆送交出版物样本的通知》，要求自当年10月1日起，向省图书馆送交样本。图书、音像制品、电子出版物须于出版后两个月内送交，报纸于出版后一周内送交，期刊和报纸合订本于出版后一个月送交。单册（套）定价在500元

---

① 刘锦山，李国新．李国新：忙趁春风赋华章．高校图书馆工作，2013（1）：11~16.

以下的出版物，每种须送交样本两册（套）；单册（套）定价在500元以上的出版物，每种须送交样本一册（套）。从而使省馆对省内各地新出版的地方文献搜集有了一定的保障，但省馆成立之前的海南地方文献如何搜集的问题尚未解决。海口图书馆设有特藏文献阅览室，有线装古籍200多种5 800多册，地方文献6 000多册。三亚市图书馆设有地方文献部，从2008年至今，每年投入10万元专项经费，用于搜集、整理、编辑出版海南地方文献，收藏有地方文献1 590种4 300多册，出版了《三亚民间书契寻真》、《三亚史物今存》等，还计划出版《崖州民歌诗辑》和《三亚疍家文化》。文昌市图书馆设有古籍书库，收藏古籍与地方文献，有古籍和民间散刻的选本、地方史志等线装书500多种3 500多册。[①]

迄今，海南图书馆收藏的清代及清代以前的海南古籍、民国时期的海南地方文献、海南解放前和建省前的海南文献、南海诸岛文献依旧匮乏。据2008年出版的《海南地方文献书目提要》（何卜吉主编）统计，已知馆藏的清代及清代以前的古籍善本书目211种，其中广东省立中山图书馆就收藏100种，占总数的47%，国家图书馆收藏48种，占总数的23%，上海图书馆收藏12种，占总数的5.7%，余者则分散收藏于海内外图书馆；已见收藏的民国时期的海南地方文献共928种，其中750种藏于广东省立中山图书馆，占总数的80%，台湾“中央”研究院图书馆藏108种，占总数的12%，余者分散收藏于海内外图书馆。[②] 究其原因，主要有三点：①海南地方文献工作尚未引起海南省公共图书馆的高度重视。目前，海南图书馆对于地方文献资料的搜集力度还不如一个学会，如海南省民族学会为了搜集海南黎族文献，2006年组织专家赴北京、广州、南京、上海、辽宁和日本东京等地，大规模搜集1950年前编印出版的黎族或海南资料，发现了大批海南未藏的资料，仅日文资料就发现了300余种。该学会对国内资料通过复印、拍照、购买等多种方式采集，并编印《〈黎族藏书〉资料汇编》27卷，达3 500多万字。此外，该学会还花重金购买或征集关于海南或黎族的电影资料，已经购买或征集到的重要电影有《五指山问黎记》（1928年）、《海南岛》（1935年）、《大战海南岛》（1950年）、《海南岛》（1952年）、《黎族》（1958年）、《春满五指山》（1983年）、《黎族民俗考察》（1984年）等一批重要影视资料，近年来还搜集到数千张民族文化图片以及大量的语音、歌曲资料，其中有超过百年的老照片[③]。②海南地方文献搜集缺乏系统性、完整性。各图书馆在地方文献搜集

---

① 李冕斌，欧阳美林．海南地方文献收集整理现状分析与对策．图书馆学研究，2013（10）：54 ~57.

② 何卜吉．海南地方文献书目提要（导论）．海口：海南出版社，三环出版社，2008. 18 ~19.

③ 海南省民族学会．http：//res. hersp. com/content/1587017.

方面重当今文献的搜集，对解放前的文献、建省前的文献的搜集力度极其有限；重人文社科文献、正式出版物的收集，忽视自然科技文献、内部出版物、会议文献、网上文献的搜集；重搜集，轻开发研究与编辑出版宣传。③地方文献搜集缺乏主动性，深入本市（县）各单位搜集单位内部出版物做得不够。其结果是地方文献收藏不全面、不系统、匮乏，随之而来的是服务不到位、影响人们对本土文化的研究。人们开展本土文化研究不得不到岛外甚至国外去搜集资料，如海南省委宣传部组织的“海南地方文献丛书”编纂工程，“丛书”的编者们花费了将近3年的时间，运用各种政府渠道以及社会关系和学术关系，陆续从省内外甚至海外，才能征集到比较完整的权威资料①。

地方文献是一个地区具有标志意义的历史文化遗产。它既是衡量一个地方文化发展高度与积淀厚度的重要指标，也是奠定一方学术文化基础和帮助一方民众树立文化自信心的重要条件和重要资本。② 国际旅游岛建设需要本土文化的支撑。因而全面搜集海南地方文献、保存海南文化遗产、弘扬海南地方文化，服务国际旅游岛、服务海南经济文化建设，图书馆任重而道远！

4.6 第五次全国公共图书馆评估定级（海南省）

2012年11月16日，文化部办公厅发出通知，要求在全国范围内开展第五次县以上公共图书馆评估定级工作，并正式发布了第五次公共图书馆评估标准。该标准包括公共图书馆和少年儿童图书馆两个系列共计八个文件，分别是省、市、县三级公共图书馆评估标准和定级必备条件，以及省、市、县三级少儿图书馆评估标准和定级必备条件。第五次公共图书馆评估标准由文化部委托国家图书馆研究院在2009年第四次公共图书馆评估标准的基础上修订而成。新标准的制定总结了第四次评估工作的经验和不足，如对地区差异考虑不足、对办馆效益重视不够、个别指标取值不符合事业发展的现实水平、部分指标的内涵和外延不够明确等，并结合了当前事业发展面临的新形势和新任务，借鉴了国内外已有相关研究和实践成果，且广泛征求了业界和学界的意见。新标准分为设施与设备、经费与人员、文献资源、服务工作、协作协调、管理与表彰、重点文化工程等七个部分。

新标准中各级图书馆总分值均为1 000分。评估指标体系最多分四级，包括定性和定量两类考查指标，其中在定量指标中，又根据实际需要分别设计了绝对值指标和相对值指标（见表4－4）。

---

① 陈耿．追寻海南历史文化的盛举：“海南地方文献丛书”出版的前前后后．海南日报，2007－08－11.

② 何卜吉．海南地方文献书目提要（导论）．海口：海南出版社，三环出版社，2008.1.

表4-4　各级各类指标分布情况

指标 单位	一级指标	二级指标	三级指标	四级指标	实际考查指标	定性指标	定量指标	绝对值指标	相对值指标
省级图书馆	7	37	101	17	127	79	48	30	18
市级图书馆	7	37	88	18	118	77	41	25	16
县级图书馆	7	34	71	15	98	61	37	24	13

海南省文体厅高度重视评估定级工作，根据文化部《关于开展县以上公共图书馆第五次评估定级工作的通知》要求，给各市（县）下发了《关于开展县以上公共图书馆第五次评估定级工作的通知》（琼文化〔2012〕188号），明确了评估时间和程序，提出了具体要求。同时，为保证评估定级工作的顺利实施，成立了以海南文体厅社会文化处牵头的评估工作组，负责组织领导全省公共图书馆评估定级工作。评估工作组由管理部门和省图书馆、省高校图书馆专家组成。

为了准确理解、掌握、运用好评估标准，保证评估定级工作的公平、公正，评估工作组先对一个市（县）图书馆进行试评估，结合实际工作进一步研读评估细则，不明确处与文化部业务主管部门沟通，对出现的问题形成统一意见，进一步细化评估细则，统一评分标准。参加本次评估定级的图书馆有16个，万宁市、临高县、白沙黎族自治县3个县级图书馆因维修改造未参加本次评估。省评估工作小组在各市县图书馆自评的基础上，于5月下旬至6月上旬，对各市县图书馆进行了评估定级工作。在评估中，各评估组采取了听取汇报、审阅材料、当面问询、实地核查的方式，对每一项进行了认真细致的查验记录，用事实证明，用材料说话。评估结束，三个组分别汇总后，又集中召开评估工作会，交流评估情况，解决共性问题。由于工作细致、具体、操作性强，评估程序步骤严格规范，因此整个评估工作得以顺利完成，评估质量得到了保证，杜绝了走过场、流于形式等现象的发生。

工作组在这次评估中发现海南省的市县图书馆仍然存在很多问题：①馆舍空间布局不合理。有的市县图书馆面积小，服务项目不健全，有的市县图书馆与文化馆或其他单位合在一幢楼里，阅读环境受到不利影响，馆舍利用率不高。②购书经费投入不足。虽然财政拨款总额达标的图书馆不少，但购书经费普遍偏少，有的市县图书馆一年的购书经费不到5万元，甚至有的市县图书馆的购书经费几年来都是零增长。2012年全省人均购书经费仅0.3元（不含省图书馆购书经费），与全国人均购书经费比差距很大。③人员编制偏少。除极少数市县图书馆外，其他市县图书馆都普遍存在人员编制偏少的问题，有的单位在人员编制本来就偏少的情况下还存在空岗问题，影响了公共图书馆功能、作用的有效发挥。④专业人才缺乏。有的市县图书馆没有懂电脑的专业人才，这使得共享工程的实施和图书馆管理现代化都遇到了困难，公共电子阅览室也得不到很好的利用。

2013 年 10 月 31 日，文化部下发了《文化部关于公布第五次公共图书馆评估定级上等级图书馆名单的通知》（文公共发〔2013〕52 号），海南省共有 12 个图书馆上等级。一级馆只有昌江黎族自治县图书馆；二级馆 5 个，依次为海南省图书馆、三亚市图书馆、澄迈县图书馆和保亭黎族苗族自治县图书馆和琼中黎族苗族自治县图书馆；三级馆 6 个，依次为五指山市图书馆、琼海市图书馆、儋州市图书馆、东方市图书馆、定安县图书馆和屯昌县图书馆。[①]

① 文化部关于公布第五次公共图书馆评估定级上等级图书馆名单的通知 . http：//zwgk. mcprc. gov. cn/auto255/201311/t20131113_ 30260. html.

5 海南省公共图书馆发展的社会环境

当今是社会主义文化大发展大繁荣的时代，党和政府高度重视文化建设，这为公共图书馆事业的发展提供了良好的政策环境，人民群众不断增长的精神文化需求为公共图书馆事业的发展提供了强劲的动力，国民经济的稳步增长为公共图书馆事业的发展提供了坚实的经济基础，现代科学技术的发展为公共图书馆事业的发展提供了强大的技术支撑。而海南国际旅游岛建设、信息智能岛建设、文化岛建设、创建公共服务先行区等，都为海南省公共图书馆事业的建设创造了良好的社会环境和发展机遇。

5.1 国内环境

5.1.1 公共文化服务体系建设不断深入

公共文化服务是政府主导的，以保障公民基本文化权益、满足公众基本文化需求为目标的基本文化服务。公共文化服务的基本特点是公益性、基本性、均等性和便利性。均等是核心，公益是保障，基本是公益的尺度，便利是均等的前提。[①] 公共文化服务不以营利为目的，属于满足人民群众的基本文化生活需求的服务；公共文化服务和资源要公平分配，对公共文化设施和公共文化资源要均衡布局，使得所有人都能享受到同等程度的公共文化服务；公共文化服务应该是近距离的、经常性的服务，使人们能够随时随地都可以方便获得。公共文化服务机构主要有公共图书馆、博物馆、档案馆、文化馆，等等。

公共文化服务体系是以政府为主导，以公益性文化单位为骨干，鼓励全社会积极参与，努力建设公共文化产品供给、设施网络、资金人才技术保障、组织支撑和运行评估为基本框架的覆盖全社会的公共文化服务网络架构，其建设原则是结构合理、发展平衡、网络健全、运行有效、惠及全民，体现出公益性、基本性、均等性和便捷性的发展定位。[②] 一个较为完善的公共文化服

---

① 李国新．公共文化服务体系建设中的图书馆．图书馆研究与工作，2010（3）：6.

② 公共图书馆服务规范．中国图书馆学报，2011（3）：33～37.

务体系，至少应具备三方面的特点：①设施应具备规划科学、布局合理、固定网点和流动服务相结合、实现全覆盖的特点；②服务应具备普遍均等、全民共享、方便快捷、优质高效的特点；③体制机制应具备低成本、高效益、充满活力、富有效率的特点。[①]

公共图书馆是社会公众获取知识和信息的重要场所，而知识和信息又是公共文化的灵魂，是公共文化服务体系的重要组成部分。因此，指导公共文化服务体系建设的思想与方针政策也是公共图书馆发展应遵循的思想与方针。为加快公共文化服务体系建设，近年来，国家出台了一系列政策，阐述了公共文化服务体系建设的问题，其中就包含了公共图书馆工作与发展的问题。

2005 年 10 月，党的十六届五中全会通过的《中共中央关于制定国民经济和社会发展第十一个五年规划的建议》中首次提出要“加大政府对文化事业的投入，逐步形成覆盖全社会的比较完备的公共文化服务体系”，文化事业发展的战略目标第一次被表述为“逐步形成覆盖全社会的比较完备的公共文化服务体系”[②]。

2005 年 11 月，中共中央办公厅、国务院办公厅正式发布了《关于进一步加强农村文化建设的意见》。意见指出：“要坚持‘多予少取放活’，加大政府投入，调整资源配置，深化体制改革，加强文化基础设施建设，构建公共文化服务体系，实现和保障农民群众的基本文化权益”，“文化信息资源共享工程要与农村文化设施建设统筹规划，综合利用，使县文化馆、图书馆和乡镇综合文化站、村文化活动室逐步具备提供数字化文化信息服务的能力”，“县级文化馆、图书馆的改革主要是增加投入，转换机制，增强活力，提高公共服务水平”，“县文化馆、图书馆、乡镇综合文化站等属于公益性事业单位，不得企业化或变相企业化，不得以拍卖、租赁等任何形式，改变其文化设施的用途；已挪作他用的，要限期收回”。

2006 年 9 月，新中国第一个文化发展专项五年规划《国家“十一五”时期文化发展规划纲要》[③]（以下简称《纲要》）发布。《纲要》在“三、公共文化服务”的“（八）完善公共文化服务网络”中指出：“要从现阶段经济社会发展水平出发，以实现和保障公民基本文化权益、满足广大人民群众基本文化需求为目标，坚持公共服务普遍均等原则，兼顾城乡之间、地区之间的协调发展，统筹规划，合理安排，形成实用、便捷、高效的公共文化服务网

① 李国新．公共文化服务体系建设中的图书馆．图书馆研究与工作，2010（3）：6.

② 李国新．公共文化服务体系建设中的图书馆．图书馆研究与工作，2010（3）：5.

③ 中共中央办公厅，国务院办公厅．国家“十一五”时期文化发展规划纲要．新华网，http://news.xinhuanet.com/politics/2006-09/13/content_5087533.htm.

络”，“实行定点服务与流动服务相结合，鼓励具备条件的城市图书馆采用通借通还等现代服务方式，推动公共文化服务向社区和农村延伸”。在“三、公共文化服务”的“（九）加强农村文化建设”中指出：“县（市）图书馆逐步实行分馆制，丰富藏书量，形成统一采购、统一编目的图书配送体系，充分发挥县图书馆对乡镇、村图书室的辐射作用，促进县、乡图书文献共享”，“农村公共文化建设要纳入各级政府重要议事日程和政府目标管理责任制，纳入创建文化先进县（市）、文化先进乡镇和创建文明村镇等相关评价体系，所需经费纳入政府财政预算”，“政府要保证文化馆（站）开展业务必需的经费、基层公共图书馆购书经费”。

2007 年 8 月，中共中央办公厅、国务院办公厅发布了《关于加强公共文化服务体系建设的若干意见》①（以下简称《意见》）。《意见》在“二、明确公共文化服务体系建设的指导思想和目标任务”中指出：“坚持以政府为主导、鼓励社会力量积极参与，坚持城乡、区域文化协调发展，逐步实现公共文化服务均等化”，“按照结构合理、发展均衡、网络健全、运行有效、惠及全民的原则，以政府为主导、以公益性文化单位为骨干、鼓励全社会积极参与，努力建设以公共文化产品生产供给、设施网络、资金人才技术保障、组织支撑和运行评估为基本框架的覆盖全社会的公共文化服务体系，切实保障人民群众看电视、听广播、读书看报、进行公共文化鉴赏、参加大众文化活动等基本文化权益。东部及有条件的地区要加快发展，率先建成比较完备的公共文化服务体系”。在“五、创新公共文化服务运行机制”中指出：“鼓励具备条件的城市图书馆采用通借通还等现代服务方式，推动公共文化服务向社区和农村延伸”。在“六、加强对公共文化服务体系建设的领导”中指出：“要建立健全有关文化发展的各类专项资金和基金，用好公益性福利彩票分成，加大对公益性文化事业的扶持力度，支持少数民族公益性文化事业的发展”，“建立健全以培养、实用、激励、评价为主要内容的政策措施和制度保障，实行职业资格管理制度，加强对从业人员的规范化管理，运用多种方式加大培训、轮训力度，着力提高公共文化服务队伍的思想政治素质和新形势下做好公共文化服务工作的能力。采取各种措施吸引各类优秀人才进入公共文化服务领域发展，鼓励高校毕业生到基层从事公共文化服务工作”。

2011 年 10 月，党的十七届六中全会通过了《中共中央关于深化文化体制改革推动社会主义文化大发展大繁荣若干重大问题的决定》，进一步将“文化事业全面繁荣，覆盖全社会的公共文化服务体系基本建立，努力实现基本公

① 中共中央办公厅、国务院办公厅关于加强公共文化服务体系建设的若干意见．中国文化产业网，http：//testcnci. cnci. gov. cn/2009/6/15/law－0102040000－548. shtml.

共文化服务均等化”纳入2020年文化改革的发展目标之中，指出“加强公共文化服务是实现人民基本文化权益的主要途径。要以公共财政为支撑，以公益性文化单位为骨干，以全体人民为服务对象，以保障人民群众看电视、听广播、读书看报、进行公共文化鉴赏、参与公共文化活动等基本文化权益为主要内容，完善覆盖城乡、结构合理、功能健全、实用高效的公共文化服务体系”。[①]

2012年11月，党的十八大又对公共文化服务体系提出了“完善公共文化服务体系，提升服务效能”的明确要求。什么是服务效能？就是服务能力和服务效益。这标志着我国公共文化服务体系的建设已经开始迈上新的台阶。

从上可见，政府对公共文化建设的思路非常清晰，强调公共文化建设的目标是实现和保障公民基本文化权益，满足广大人民群众的基本文化需求；注重公共文化服务的普遍均等原则，强调城乡之间、地区之间的协调发展和建设覆盖全社会的公共文化服务体系；强调公共图书馆设施的专用性、图书馆分馆制建设、服务向基层延伸、均等化服务。如果说，2005年到2010年是“公共文化服务体系”确立概念、明晰内涵和作为一项国家战略部署日益深入人心的初始阶段，那么，以2010年12月31日文化部、财政部联合下发的《关于开展国家公共文化服务体系示范区（项目）创建工作的通知》为标志，我国的公共文化服务体系建设真正进入了“以政府为主导，以公共财政为支撑，以全民为服务对象，以基层特别是农村为重点，以保障广大人民群众基本文化权益为出发点”的强力推行阶段[②]，为2020年实现基本公共文化服务均等化而努力。

公共文化服务体系自2005年正式提出后，已成为公共图书馆事业发展的一个重要思想和指导方针。[③] 党和政府有关公共文化事业的方针政策，实际上也明确了公共图书馆的公益属性、社会功能、保障措施和改革方向。[④] 近年来，一些地区的公共图书馆根据公共文化服务体系建设的要求，结合自身实际，从普遍均等与全覆盖服务两个方面积极探索，建立了总分馆制、图书馆联盟、流动图书馆、自助图书馆等新的管理服务机制，起到了重要的引领和示范作用，在公共文化服务体系建设中发挥了重要的作用。

---

① 中共中央关于深化文化体制改革　推动社会主义文化大发展大繁荣若干重大问题的决定．http：//news. xinhuanet. com/politics/2011 - 10/25/c_ 122197737. htm.

② 尚庄．从国家公共文化服务体系示范区（项目）创建看公共图书馆的发展路向．“西北地区图书馆事业的创新与发展”会议，2012. 144.

③ 王世伟．关于《公共图书馆服务规范》编制的若干问题．中国图书馆学报，2011（3）：28.

④ 杨玉麟等．《公共图书馆法》立法基础与必要性研究．中国图书馆学报，2010（2）：12.

5.1.2 公共图书馆事业发展的政策保障机制进一步健全

作为一项社会公共事业，近年来，公共图书馆的发展越来越受到中央和地方政府的高度重视，有关政策的保障机制在不断健全，事业发展的各种制度设计也在不断完善。

1.《公共图书馆建设用地指标》和《公共图书馆建设标准》发布施行

2008年4月，住房和城乡建设部、国土资源部、文化部发布了《公共图书馆建设用地指标》（建标〔2008〕74号）（以下简称《用地指标》），自2008年6月1日起正式施行；2008年8月，住房和城乡建设部、国家发展和改革委员会、文化部发布了《公共图书馆建设标准》（建标〔2008〕150号）（以下简称《建设标准》），自2008年11月1日起正式施行。这两个标准的出台，标志着我国首次完成了有关公共图书馆设施建设国家标准的编制工作，公共图书馆设施建设开始步入规范化、法制化的轨道。

《用地指标》是合理确定公共图书馆建设项目用地面积、在城市规划中预留公共图书馆建设用地的全国统一标准。该标准既规范了单体公共图书馆的建设用地，也规范了一个城市公共图书馆服务网络的规划用地。通俗地说，建一个图书馆需要多少土地，一个城市需要建多少公共图书馆并预留多少建设用地，《用地指标》都给出了定额。① 《用地指标》中规定了公共图书馆建设用地包括建筑用地、集散场地、绿化用地及停车场用地（第十七条）。

《建设标准》是公共图书馆建设项目合理确定建设规模与投资水平的全国统一标准。当一级政府决定要建设公共图书馆时，这个图书馆建多大是合理、适应的，规模合理、适用经济的单体图书馆建设需要多少投入，《建设标准》为此提供了基本指标。②《建设标准》中规定了公共图书馆的建设内容包括房屋建筑、场地（集散场地、道路、停车场、绿化用地等）、建筑设备和图书馆技术设备（第十二条、第十四条）。

《用地指标》和《建设标准》突破了以往单纯按照公共图书馆行政管理级别确定公共图书馆建设规模的体例，确立了以服务人口作为确定建设规模的基本依据，充分体现了公共图书馆建设“以人为本”的思想和公共文化服务“普遍均等”的原则。《用地指标》第十六条规定，公共图书馆根据服务人口数量分为大型馆、中型馆和小型馆。《建设标准》第十条规定，公共图书馆的规模，应以服务人口数量和相应的人均藏书量、千人阅览座位指标为基

---

① 李国新，冯守仁，鹿勤．公共图书馆规划与建设标准解析．北京：国家图书馆出版社，2009. 18～19.

② 李国新，冯守仁，鹿勤．公共图书馆规划与建设标准解析．北京：国家图书馆出版社，2009. 19.

本依据，兼顾服务功能、文献资源数量与品种和当地经济发展水平确定。《用地指标》与《建设标准》按服务人口将公共图书馆的规模分为大型、中型、小型三级（见表5－1）。

表5－1 图书馆与服务人口的对应指标

规模	建筑面积（平方米）	服务人口（万人）
大型	20 000 以上	150 以上
中型	4 500～20 000	20～150
小型	4 500 以下	20 以下

《用地指标》第十八条规定，公共图书馆的设置应符合设置原则（见表5－2)的要求，逐步发展成为公共图书馆体系，并第一次提出了我国公共图书馆的网点布局规划原则，并对服务半径作了相应的规定。

表5－2 公共图书馆设置原则

服务人口（万人）	设置原则	服务半径（km）
≥150	大型馆：设置1～2处，但不得超过2处；服务人口达到400万时，宜分2处设置	≤9.0
	中型馆：每50万人口设置1处	≤6.5
	小型馆：每20万人口设置1处	≤2.5
20～150	中型馆：设置1处 小型馆：每20万人口设置1处	≤6.5
5～20	小型馆：设置1处	≤2.5

《建设标准》第二十条对公共图书馆总建筑面积以及相应的总藏书量、总阅览座位数量、人均拥有藏书量、千人拥有阅览座位、千人拥有建筑面积指标作了相应规定（见表5－3)。

表5-3　公共图书馆总建筑面积以及相应的总藏量、总阅览座位数量控制指标

<table>
<tr><th rowspan="2">规模</th><th rowspan="2">服务人口（万人）</th><th colspan="2">建筑面积</th><th colspan="2">藏书量</th><th colspan="2">阅览座位</th></tr>
<tr><th>千人面积指标（平方米/千人）</th><th>建筑面积控制指标（平方米）</th><th>人均藏书［册(件)/人］</th><th>总藏量［万册（件）］</th><th>千人阅览座位（个/千人）</th><th>总阅览座位（个）</th></tr>
<tr><td rowspan="2">大型</td><td>400～1 000</td><td>9.5～6</td><td>38 000～60 000</td><td>0.8～0.6</td><td>320～600</td><td>0.6～0.3</td><td>2 400～3 000</td></tr>
<tr><td>150～400</td><td>13.3～9.5</td><td>20 000～38 000</td><td>0.9～0.8</td><td>135～320</td><td>0.8～0.6</td><td>1 200～2 400</td></tr>
<tr><td rowspan="3">中型</td><td>100～150</td><td>13.5～13.3</td><td>13 500～20 000</td><td>0.9</td><td>90～135</td><td>0.9～0.8</td><td>900～1 200</td></tr>
<tr><td>50～100</td><td>15～13.5</td><td>7 500～13 500</td><td>0.9</td><td>45～90</td><td>0.9</td><td>450～900</td></tr>
<tr><td>20～50</td><td>22.5～15</td><td>4 500～7 500</td><td>1.2～0.9</td><td>24～45</td><td>1.2～0.9</td><td>240～450</td></tr>
<tr><td rowspan="2">小型</td><td>10～20</td><td>23～22.5</td><td>2 300～4 500</td><td>1.2</td><td>12～24</td><td>1.3～1.2</td><td>130～240</td></tr>
<tr><td>3～10</td><td>27～23</td><td>800～2 300</td><td>1.5～1.2</td><td>4.5～12</td><td>2.0～1.3</td><td>60～130</td></tr>
</table>

《用地指标》和《建设标准》的颁布，使公共图书馆的设施建设做到了有法可依、有章可循，为各级政府审批有关公共图书馆工程项目的建设文件、确定投资规模提供了基本依据，也为各地区公共图书馆事业发展提供了专业指导和制度保障，为各地区构建覆盖全社会的普遍均等的公共文化服务体系奠定了坚实的基础。

《用地指标》和《建设标准》的施行，标志着公共图书馆的设置已经开始了由“一级政府建设和管理一所图书馆”向构建“全覆盖”的公共图书馆服务体系转变，公共图书馆的设置原则、网点布局实现了和国际通行做法接轨，为形成公共图书馆服务网络奠定了坚实的基础。①

2.《公共图书馆服务规范》（GB/T28220—2011）颁布

2011年12月31日，国家质量监督检验检疫总局、国家标准化管理委员会批准发布了《公共图书馆服务规范》（以下简称《服务规范》），自2012年5月1日起正式实施。这是我国第一个规范公共文化的国家级服务标准，也是我国公共图书馆服务领域的第一个国家标准。

《服务规范》共分为前言和其他八个部分，包括范围、规范性引用文件、术语和定义、总则、服务资源、服务效能、服务宣传、服务监督与反馈，对公共图书馆服务的各个方面进行了全面而具体的规定，向社会表明了国家关于公共图书馆的服务政策，是检验公共图书馆服务效能与管理的尺度，是评

① 李国新，冯守仁，鹿勤．公共图书馆规划与建设标准解析．北京：国家图书馆出版社，2009.25.

估公共图书馆服务水平的依据。

《服务规范》是在对我国东、中、西部地区的各层级图书馆、相关行业的服务标准、世界各国图书馆的服务标准进行了广泛而深入的调研和案例分析，以及问卷调查、网上征询、现场调研和专家咨询等基础上完成的，历经了近四年的时间。《服务规范》的颁布实施对于改善公共图书馆服务的条件、提高公共图书馆服务的整体品质、提高公共图书馆的服务效能和管理效益具有重要意义，体现了在文化大发展大繁荣中公共图书馆事业的理性发展、包容性发展和可持续发展。《服务规范》展现了世界图书馆事业发展特征、中国公共文化事业发展的特色和中国公共图书馆行业发展的特点，条文本身就折射出了丰富的文化内涵。①

《服务规范》对读者使用计算机数量要求、人员数量、工作人员教育培训经费、志愿者、馆藏数量、人均年增加藏量、人均年文献购置费、服务时间等方面作了明确规定，使图书馆服务有了规范化要求与做法。

《服务规范》具有三大约束维度②：一是对各级政府提出履职主导和统筹规划的要求；二是对图书馆管理者和服务人员提出了管理和考核的要求；三是对读者和社会提出了监督和共建的要求。这种监督体现为各级人民代表对各级政府的监督、各级政府对各级图书馆的监督、读者和社会对政府和图书馆的监督。这些监督将以《服务规范》为尺度，从而使政府导向和行业规范导向在《服务规范》中得以彰显，使《服务规范》对图书馆服务的质量要求和未来发展起到保障和引导作用。

3. 《全国公共图书馆事业发展“十二五”规划》出台

2013 年 1 月 30 日，文化部颁布了全国第一个公共图书馆事业发展五年规划——《全国公共图书馆事业发展“十二五”规划》③（以下简称《规划》），这是 1949 年以来首次由政府主管部门牵头制定的全国公共图书馆事业的中长期发展规划。

《规划》明确指出“十二五”时期公共图书馆事业发展的基本原则是“政府主导、社会参与；强化基础、注重创新；统筹兼顾、分类指导；以人为本、提升服务”。各级政府要切实履行发展公共图书馆事业的责任，将公共图书馆建设纳入经济社会发展规划，纳入公共文化服务体系建设总体架构，纳入财政预算，纳入科学发展考核评价体系。加大公共资金投入力度，保证公

---

① 王世伟．《公共图书馆服务规范》的编制及其特点论略．国家图书馆学刊，2012（2）：6～11.

② 王世伟．关于《公共图书馆服务规范》编制的若干问题．中国图书馆学报，2011（3）：30～31.

③ 文化部关于印发《全国公共图书馆事业发展“十二五”规划》的通知．中华人民共和国文化部网站，http：//59. 252. 212. 6/auto255/201302/t20130205_ 29554. html.

共图书馆免费提供基本服务和正常运转的需求。同时，倡导和鼓励社会力量以多种方式参与公共图书馆建设。

《规划》明确提出公共图书馆事业的发展目标是："十二五"期间，逐步建立覆盖城乡、结构合理、功能健全、实用高效的服务网络，进一步增强活力，提高效能，服务能力、服务水平与服务效益明显提升，部分地区图书馆接近或达到国际先进水平。加强公共图书馆与其他系统图书馆的共建共享，带动全国图书馆事业发展，从而使公共图书馆在公共文化服务体系和公共数字文化建设中发挥主体作用，使公共图书馆成为满足人民群众基本文化需求的重要阵地，为提高全民族素质，全面建成小康社会做出应有的贡献。同时，《规划》提出了"设施网络覆盖城乡、服务网络惠及全民、数字图书馆建设与服务加快推进、文献资源保障能力不断提高、人才队伍建设有效加强、法制保障体系日益健全、管理体制机制改革创新"等七个方面的分项发展目标。要求要推动地市级公共图书馆建设，推进流动图书馆设施建设；要进一步通过总分馆制、图书馆联盟、流动服务、数字远程服务等多种形式延伸图书馆服务，提高图书馆服务获取的便捷性；要推进公共数字文化服务体系建设；要重点开展地方特色资源建设，实现对地域性文化资源的传承与利用；要推进和深化公共图书馆管理体制和运行机制改革，探索和建立与公共文化服务体系相适应的管理体制，建立充满生机与活力的公共图书馆体制机制。《规划》在提出定性发展目标的基础上，提出了"十二五"期间公共图书馆事业发展的一系列量化指标（见表5-4）。

表5-4 "十二五"时期公共图书馆事业发展主要指标

指标	单位	地区	2010年	2015年
公共图书馆覆盖率	%	地市	81.98	100
		县	86.10	100
公共图书馆达标率（部颁三级以上）	%	县以上	55.8	60
公共图书馆免费开放率	%	县以上	—	100
人均公共图书藏书量	册	全国	0.46	0.7
		东部	0.65	1.0
		中部	0.33	0.5
		西部	0.36	0.5
人均公共图书馆年新增图书藏量	册	全国	0.02	0.05

（续上表）

<table>
<tr><th colspan="2">指标</th><th>单位</th><th>地区</th><th>2010 年</th><th>2015 年</th></tr>
<tr><td colspan="2">人均公共图书馆购书经费</td><td>元</td><td>全国</td><td>0. 83</td><td>1. 65</td></tr>
<tr><td colspan="2">国家数字图书馆资源总量</td><td>TB</td><td>全国</td><td>480</td><td>1 000</td></tr>
<tr><td colspan="2">有效读者总人数</td><td>万人</td><td>全国</td><td>2 020</td><td>5 050</td></tr>
<tr><td colspan="2">文献外借册次</td><td>亿册次</td><td>全国</td><td>2. 64</td><td>4</td></tr>
<tr><td colspan="2">总流通人次</td><td>亿人次</td><td>全国</td><td>3. 28</td><td>4. 5</td></tr>
<tr><td colspan="2" rowspan="3">提供远程访问服务的
公共图书馆比例</td><td rowspan="3">%</td><td>省</td><td>—</td><td>100</td></tr>
<tr><td>地市</td><td>—</td><td>90</td></tr>
<tr><td>县</td><td>—</td><td>50</td></tr>
<tr><td rowspan="2">图书馆专业
技术人员比例</td><td>高级职称</td><td rowspan="2">%</td><td>全国</td><td>8. 2</td><td>10. 66</td></tr>
<tr><td>中级职称</td><td>全国</td><td>32. 4</td><td>36. 29</td></tr>
</table>

《规划》提出了制度规范建设、设施网络建设、公共数字文化建设与服务、传统文化资源保存与保护、文献信息资源保障体系建设、服务能力建设、新技术研究与应用、科研工作、人才队伍建设、国内外交流与合作等十个方面的重点任务。提出了建立健全组织保障、推进管理机制改革、完善经费保障机制和建立完善监督评估机制等四项保障措施。

《规划》的制订为公共图书馆事业在“十二五”时期的发展指明了方向和目标，并为目标的实现规划了可行的路径，是我国公共图书馆事业持续发展的纲领性文件。

与此同时，在各地方图书馆立法工作不断推进的基础上，经过反复修改和讨论的《公共图书馆法（草案）》已由国务院法制办正式面向社会征求意见，一个覆盖国家立法、部门规章和行业规范的，比较完备的事业发展政策保障体系正在逐渐形成①，给公共图书馆事业的发展创造了前所未有的良好社会环境和快速发展的历史机遇。

5.2 信息技术环境

信息技术特别是网络技术的快速发展，已经引起了人类社会信息环境的变革，而且这种变革还将持续下去，不断改变着人类社会的方方面面，也深刻地影响着图书馆的发展。正如大英图书馆所描述的那样，我们所处的环境

① 李丹等. 新起点　新视野　新任务——第五次全国公共图书馆（成人馆部分）评估定级标准解读. 中国图书馆学报，2013（2）：8.

在过去的二十年里发生的变化超过了过去两百年的变化，特别是技术发展的驱动。网络逐渐成为数字化新生活的中心，它改变了人类的文化，触及人们生活的方方面面，成为交流、信息获取、教育、娱乐的平台。网站和数字资源变得越来越重要，因为大多数人是通过这两种方式获取全世界图书馆馆藏资源的。技术创新已经使知识的创造、存储、获取和传播发生了彻底的、不可逆转的变化。未来的技术环境将持续不断地迅速变化，面向消费者的技术将更加灵活、轻便、经济、快捷。欧洲数字图书馆、博物馆与档案馆一体化组织也分析了不断变化的前景，指出：电话、平板电脑等移动设备功能在不断增强，并越来越受到终端用户的青睐，便携式设备实现了对网络的无缝访问。①

2001 年，韩国首尔提出了“泛在城市”计划，以构建城市内随时随地网络接入和服务接入的城市信息环境；2004 年，美国费城市政府在世界上第一个提出“无线费城”规划，以实现城市内宽带无线网络覆盖。泛在城市和无线城市给无线泛在的图书馆创造了良好的信息环境。中国信息环境的发展也为无线泛在的图书馆创造了大量的潜在用户。据 2012 年 5 月召开的 2012 年世界电信和信息社会日大会上透露的信息，2009 年初启动商业运营以来，中国 3G 用户已达到 1.52 亿，手机网民超过了 3.7 亿。截至 2012 年 3 月底，移动电话用户数达到了 10.19 亿，宽带用户达到了 1.58 亿，互联网网民规模超过了 5.2 亿人。移动互联网已深入到包括图书馆服务在内的电子商务、媒体传播、信息服务、生活娱乐等几乎所有社会生活领域。无线数字图书馆正在成为越来越多图书馆的服务方式。有线宽带城域网、无线宽带城域网、移动数字电视网、移动多媒体网的多网融合立体型基础网络架构正在一些城市中形成，并陆续应用于文化服务等领域。来自中国移动的最新数据显示，截至 2012 年 4 月底，全国已有 30 个省 302 个城市的无线城市门户上线推广。通过无线城市的建设，图书馆已经并将不断构建起“图书馆总在我身边”的学习阅读环境，让读者通过手机和多媒体信息载体实现时时可读、处处可读、人人可读的学习休闲环境，即大多数文献都能够合理使用信息技术或在数字化环境中利用，大多数读者能够熟练运用信息技术进行文献查询和信息咨询，进行自主学习、探索研究并解决阅读中的问题，大多数的图书馆服务方式能够提供跨时空的服务路径，让读者可以得到个性化、可选择、互动型的服务。深圳图书馆倡导实践的城市街区 24 小时图书馆以及台北地区的多个无人自助式图书馆就被誉为智慧图书馆的一种泛在式的创新服务。手机图书馆或掌上

① 赵以安．国外图书馆战略规划中的信息技术．图书馆学研究，2012（20）：94.

图书馆成为就近一体图书馆的生动体现。上海图书馆的手机图书馆自 2003 年策划、2004 年试点、2005 年正式推出以来，2007 年和 2012 年又先后进行了功能提升，实现了“上图信息、书目检索、读者服务、微博分享、移动阅读、你问我答、分馆导航”等多项功能的整合。重庆图书馆的手机图书馆也包括了丰富的内容，如书目查询、我的图书馆、重图新闻、重图电子书、入馆指南、读者互动、阅读通、讲座预告、使用说明等。中国国家图书馆的“掌上国图”则以其独特丰富的内容形成了服务的特色。移动通讯在图书馆中的广泛应用，使 21 世纪初提出的“我的图书馆”的创新理念真正落到了实处。①

2011 年 5 月，财政部、文化部联合发文启动了数字图书馆推广工程②，旨在建立一个覆盖全国的数字图书馆服务网络。其内容是建设覆盖各级图书馆的数字图书馆虚拟网、海量分布式数字资源库群、数字图书馆服务平台、图书馆业务工作平台以及数字图书馆标准规范体系。

国家图书馆是数字图书馆虚拟网的网络中心，将连接省、市级图书馆，实现公共图书馆网络体系纵向贯通。数字图书馆虚拟网能够承载推广工程的各类业务系统，保障数据便捷、安全地传输，实现数字资源的远程访问和异地共享。各图书馆利用互联网链路，通过 IPSEC VPN 技术组成虚拟网，实现各节点的互联互通。在数字图书馆虚拟网上面传输的数据主要有三类：一是服务类数据，包括国家图书馆及各地方馆的数字资源。到馆读者在无须用户认证的情况下，即可访问国家图书馆与地方馆的数字资源。二是生产类数据，即国家图书馆与省馆、市馆之间的应用系统业务数据交互。将数字图书馆的生产数据通过虚拟网传送，如数字资源组织系统数据等。三是沟通交流类数据，可通过虚拟网加强国家图书馆与地方馆的交流与联系，如视频会议系统数据等。“十二五”期间，随着数字图书馆推广工程的逐步推进，我国数字图书馆建设将进入高速发展期，未来将在全国实现各公共图书馆的网络互联。通过唯一标识符系统对数字资源进行唯一标识，可以实现全国公共图书馆数字资源的唯一标识，打破不同行业、不同地域图书馆之间的界限，使全国分散异构的数字图书馆系统能够连接为一个超大型数字图书馆。通过统一用户管理系统将实现读者访问资源的单点登录，形成辐射全国的国家数字图书馆统一实名用户库。在这个框架体系内，本馆读者可以自由地访问其他馆的数字资源，在为各图书馆间接增加资源量的同时，也提高了各图书馆数字资源的利用率。届时，将会使更多的读者享受到虚拟网建设所带来的方便、快捷

① 王世伟．论智慧图书馆的三大特点．中国图书馆学报，2012（6）：26.

② 数字图书馆推广工程，http：//www. ndlib. cn/.

的服务。

截至2011年底，国家数字图书馆数字资源总量已达561.3TB，主要来源于外购数据库（71TB）、馆藏特色资源数字化（466.8TB）、网络导航和网络资源采集（19.2TB）四个部分（不含接受缴送的光盘）。其内容单元主要包含：电子图书约142.7万种185.3万册；电子期刊约5.3万种；电子报纸约0.37万种；学位论文约353.7万篇；会议论文约308.1万篇；音频资料约101.6万首；视频资料约8.9万小时（讲座按每场1小时计）。

我国已经初步形成了一个由国家级数字图书馆、行业性数字图书馆和各区域数字图书馆组成的数字图书馆建设与服务体系。① 这为各省、市级图书馆的建设与发展提供了强大的技术、资源支撑。

信息技术的发展也为图书馆管理系统提供了馆际互借、文献传递技术支撑，使图书馆管理系统实现了从单馆管理系统向集群管理系统发展，为图书馆推行总分馆管理、自助借还服务提供了强大的支持，同时推动了如短信平台、VPN虚网、远程监控等相关技术的运用，为公共图书馆服务体系的管理和服务提供了便捷。

5.3 海南社会环境

海南建省后，省委省政府高度重视文化建设和民生建设，出台了一系列发展政策和规划。1997年，海南省省委省政府提出建设“信息智能岛”的发展目标。随后，又根据《2006—2020年国家信息化发展战略》，海南省对1999年出台的《海南省“信息智能岛”规划纲要》进行了重新修编，并于2010年发布了《海南省“信息智能岛”规划》（以下简称《规划》）。② 《规划》提出了在未来10年内海南省“信息智能岛”建设的主要任务之一是“加快信息基础设施建设，将大力发展有线和无线宽带网络，推进全岛无线覆盖；推进信息共享，争取建成国家‘三网融合’试点示范基地”。规划指出：“到2015年，我省信息化整体水平要达到全国中上水平”、“海口、三亚等发达城市80%的家庭实现三网融合”、“省直单位服务项目100%实现网上查询、80%以上实现网上受理和在线办理，初步建设成数字化、网络化的服务型政府”，“到2020年，将建成覆盖全岛较为完备和成熟的信息化服务体系”。

2010年6月，海南省出台了《海南国际旅游岛建设发展规划纲要

① 李丹等．新起点　新视野　新任务——第五次全国公共图书馆（成人馆部分）评估定级标准解读．中国图书馆学报，2013（2）：7.

② 高虹．我省“信息智能岛”规划出炉——敲定两个阶段性建设目标、九大主要任务．海南日报，2010-06-21.

(2010—2020)》[①]（以下简称《纲要》)。《纲要》提出要“加快建设覆盖城乡的公共文化服务体系”，“推进城乡基本公共服务均等化”，“完善信息网络基础设施，推进信息技术的广泛应用，加快形成“数字海南”框架。大力发展有线和无线宽带网络，实现高速宽带无线网络覆盖全岛。完善沿交通干线、连接所有行政村和景区景点的光纤网络。建设“无线海南”，实现宽带无线网络全覆盖。积极发展下一代互联网、数字电视网和新一代移动通信网，加快网络升级换代。鼓励和扶持电信网、广播电视网和互联网“三网融合”。积极推进“物联网”、云计算等新的信息技术在经济社会各个领域的深入应用。

2010年10月，海南省委省政府发布了《关于加快推进文化改革发展的决定》[②]，指出：“文化是旅游的灵魂，文化建设是国际旅游岛建设的基础和核心”，“加快构建覆盖城乡的公共文化服务体系，是保障全省居民和游客基本文化权益的迫切需要”，“加快提升公民文化素质和文明素质，是营造多元开放、包容祥和人文环境的迫切需要”，“加快文化体制机制改革创新，是解放和发展文化生产力的迫切需要”。文化改革发展的总体思路是“文化事业向公益性、基本性、均等性、便利性转变”，“努力构建覆盖城乡的公共文化服务体系，保障居民和游客基本文化权益”。文化事业布局是“突出海口省会城市文化中心地位和三亚南部中心城市作用，以大型公共文化设施为骨干，以基层文化设施为基础，构建起省—市（县）—乡镇（街道）—行政村（社区）四级公共文化服务体系”。文化发展的目标任务是“到2015年，进一步完善覆盖城乡的公共文化服务体系，全省人均享有公共文化服务设施指标达到全国先进水平”，“到2020年，公共文化服务体系达到国内发达地区水平，全省人均享有公共文化服务设施指标达到先进国家水平”。在文化发展的组织保障方面要“以政府为主导，以公共财政为支撑，建立健全稳定增长的文化事业建设财政投入机制，确保政府对文化事业投入增幅不低于财政经常性收入的增幅”，“要把文化建设用地纳入省、市县土地利用总体规划和城乡建设总体规划。非盈利性文化基础设施用地，可采用划拨方式优先保障供应”。

2011年9月，海南省政府下发了《海南省人民政府关于印发海南省基本公共服务均等化重点民生项目发展规划（2011—2015年）的通知》[③]，指出：“建立健全覆盖城乡、结构合理、网络健全、设施完备的公共文化体育服务体

① 海南国际旅游岛建设发展规划纲要（2010—2020）. 海南日报，2010-06-21.

② 中共海南省委、海南省人民政府关于加快推进文化改革发展的决定（2010年10月29日）. http://www.hainan.gov.cn/data/news/2010/11/116150/.

③ 海南省人民政府关于印发海南省基本公共服务均等化重点民生项目发展规划（2011—2015年）的通知. http://www.hainan.gov.cn/data/hnzb/2011/12/2150/.

系，增强政府为全社会提供公共文化体育服务的能力，切实保障人民群众基本文化权益，大幅提升国际旅游岛文化内涵。到2015年，建成一批具有地域特色的大型公共文体设施。图书馆、文化馆等全部免费开放，公共图书馆人均占有藏书1册以上，人均到馆次数0.5次以上。综合文化站、电子阅览室等基层文化场所遍布全省所有乡镇（街道）、村（社区）"，"计划投入1.5亿元，推进全省公共图书馆、文化馆（站）免费开放，促进形成全民阅读的良好社会氛围；计划投入0.5亿元，继续实施文化信息资源共享工程，加大数字资源和基层服务网点建设，形成资源丰富、技术先进、服务便捷的数字文化服务体系，实现县县有支中心、乡乡有基层服务点，基层群众能够享受文化信息资源及服务的目标"，"计划投入6.0亿元，完善市县'两馆'建设。新建、扩建22个市、县（区）图书馆和13个市、县（区）文化馆，使全省'两馆'设施全部达到国家规定标准"。

2012年4月，海南省省委书记罗保铭在海南省第六次党代会上作了题为"坚持科学发展　实现绿色崛起　为全面加快国际旅游岛建设而不懈奋斗"的报告①，对今后五年海南社会发展进行了全面部署。他提出了"要把旅游岛建成文化岛"，"完善覆盖全岛、有线和无线相结合的高速宽带基础网络，实现'三网'融合，加快物联网、云计算和旅游、民生、电子商务等信息化应用，打造数字海南、数字城市，建设信息智能岛"，"把海南建设成为我国基本公共服务均等化先行区"，"坚持以政府为主导，加大投入力度，建立结构合理、功能健全、供给有力的基本公共文化服务体系。加快公共文化基础设施建设，形成以大型公共文化设施为骨干、以社区和农村基层文化设施为基础、覆盖城乡的公共文化服务设施网络"。

海南文化岛建设为海南省公共图书馆的发展提供了机遇，信息智能岛、数字海南建设为海南省数字图书馆的发展提供了技术支撑；基本公共服务均等化先行区建设为海南省公共图书馆探索全覆盖、均等化的图书馆服务体系的构建创造了条件；到2015年公共图书馆人均占有藏书1册以上、人均到馆次数0.5次以上的目标，对海南省公共图书馆的发展既提出了挑战，也提供了发展机遇。

---

① 罗保铭．坚持科学发展　实现绿色崛起　为全面加快国际旅游岛建设而不懈奋斗．海南日报，2012－05－02.

6 近年来我国公共图书馆服务体系构建

近年来，在公共文化服务体系建设背景下，我国政府和图书馆界开始了新时期公共图书馆服务体系——以普遍均等服务为目标、覆盖全社会的公共图书馆服务体系——的构建工作。普遍均等服务是世界各国公共图书馆事业的共同原则和目标，也是我国几代图书馆人的梦想。进入21世纪后，我国公共图书馆事业切实瞄准普遍均等服务的目标，已有不少地方政府开始投入专项经费，按普遍均等服务的原则构建本地区的公共图书馆服务体系。在政府还没有发挥主导作用的地区，公共图书馆队伍也开始通过各种途径将现有服务延伸到社区和农村。北京、上海、深圳、嘉兴、东莞、佛山等地是较早开展以普遍均等服务为目标构建公共图书馆服务体系的地区。

6.1 主要案例

6.1.1 北京市公共图书馆服务体系建设①②

北京市自2002年起几乎同时启动了基层图书馆建设、总分馆体系建设和全市公共图书馆服务网络建设，其全方位、立体化的建设思路成为北京市公共图书馆服务体系建设的突出特色。

2002年，北京市通过《北京市图书馆条例》，提出了区、街道/乡镇图书馆的建设标准，为包括基层图书馆在内的各级图书馆的发展提供了法律依据。条例规定了基层政府对于建设街道/乡镇图书馆的责任以及建设标准：街道/乡镇图书馆的建筑面积应当达到100平方米以上，阅览座位应当达到30席以上，年入藏信息资料不得少于1 000册（件）。同时，从法律上确立了首都图书馆的中心地位。2002年10月，《北京市人民政府关于进一步加强基层文化建设的意见》把基层文化设施建设纳入北京市城乡建设整体规划，确定了区县政府建设基层图书馆的责任，并进一步提出建设以首都图书馆为中心的全市公共

① 邱冠华，于良芝，许晓霞．覆盖全社会的公共图书馆服务体系：模式、技术支撑与方案．北京：北京图书馆出版社，2008. 70～77.

② 吴洪珺，倪晓建．面向普遍均等服务的公共图书馆管理体制探析——以北京市公共图书馆为例．图书情报工作，2011（1）：47～48.

图书馆服务网络。随后，北京市的不少区县都开始按《北京市图书馆条例》的规定，由区县财政支持街道/乡镇图书馆建设。这一模式被称为“区街共建模式”，由此形成的“区馆—街道馆”关系成为了北京市总分馆建设的主要模式。

2003 年，北京市政府把建设全市公共图书馆服务网络纳入了政府的 60 件实事当中，开始了政府主导下的北京市三级图书馆服务网络建设，启动了“北京市公共图书馆计算机信息服务网络”和“一卡通”工程建设，构建以首都图书馆为中心、以区县馆为分中心、以街道/乡镇图书馆为基层馆的公共图书馆三级服务网络，统一使用“智慧 2000”系统。目前这一网络又将社区/村图书馆（室）纳入，逐步发展成为四级公共图书馆服务网络。首都图书馆作为一级馆，起着整个网络中心馆的作用，掌握并维护整个网络的书目数据和读者信息等。区县馆既是服务网络的二级馆，也是各区县公共图书馆群的总馆，负有建设和发展基层图书馆的责任。街道/乡镇及社区/村图书馆（室）则只充当服务终端。馆际间实现了联机检索与编目、共建共享数字资源。截至 2009 年底，北京市拥有市级公共图书馆 1 个、区县馆 23 个、街道图书馆 142 个、乡镇图书馆 183 个、社区图书馆（室）1 292 个、村图书馆（室）2 572 个。实现了全市街道（乡镇）图书馆的全面覆盖，社区图书馆（室）覆盖率达到了 50.6%，村图书馆（室）达到了 65%。全市共建一卡通联网馆 140 家，其中有 56 家开通了通还服务，文献物流由物流公司承包。

此外，北京市公共图书馆注重利用固定服务点和汽车图书馆将服务延伸到基层，2003 年北京市市政府为每个区县图书馆配备了流动图书车。北京市公共图书馆服务网络的最终目标是在全市范围内实现通借通还，建设一个由物流系统支持的，集中、统一、无缝的大网，提供给读者“馆无级别、网无界限”的体验。

6.1.2 上海市公共图书馆服务体系建设

上海市是公共图书馆事业发达的地区。2000 年 9 月 11 日，上海市市委和市委宣传部领导在视察、调研上海图书馆工作时，提出了建设特大型城市中心图书馆的发展目标，并提出应当打破行业的界限，形成公共图书馆、大学图书馆和专业图书馆的资源共享和读者服务的联盟，提升图书馆的管理水平和服务水平的建设方向。同年 11 月 22 日，市委和市委宣传部领导对上海图书馆第十个五年发展规划提出了指导意见，要求上海图书馆进一步扩大图书馆的服务功能，把上海图书馆的服务功能辐射到本市高校和各个区县，联手建设上海市中心图书馆。之后，在市委、市委宣传部的指导下，上海图书馆开始筹备启动“上海市中心图书馆”服务网络。

“上海市中心图书馆”是在不改变各参与图书馆的行政隶属、人事和财政关系的情况下，以上海图书馆为总馆，其他区县图书馆、高校图书馆以及专业图书馆等为分馆，以信息技术为基础，以知识导航为动力，以资源共建共享为宗旨，以提高知识服务水平为目的，构建覆盖上海全市的图书馆服务体系。其建设的切入点和重点是在全市实行统一的上海中心图书馆一卡通，实行图书通借通还。

2000 年 12 月 5 日，上海市委宣传部下发了《关于上海图书馆申请建设知识库和中心图书馆的批复》，明确提出增加中心图书馆及“一卡通”专项经费 1 000 万元。2001 年 6 月 2 日，上海市中心图书馆首批 4 家分馆，即黄浦区图书馆、静安区图书馆、南汇县图书馆、上海音乐学院图书馆，在上海图书馆举行了隆重的揭牌仪式并开始对外服务。上海图书馆是上海市中心图书馆的总馆，其职责是为公众、科研企业、政府决策提供服务，将丰富的文献资源、人力资源及服务功能辐射到全市的区县公共图书馆和街道/乡镇图书馆，为区县和街道/乡镇图书馆的科学管理和读者服务工作提供业务指导和技术支持。区县图书馆是上海市中心图书馆的分馆，挂上海图书馆分馆的牌子，又是本区县、街道/乡镇和社区文化活动中心图书馆的总馆，其职责是面向大众提供服务，支持和指导本区域公共图书馆的各项工作。区县图书馆作为本区县的文献资源建设中心、业务指导中心、技术支持中心、文献提供中心、采访编目中心、图书物流中心，起着承上启下的桥梁作用。街道/乡镇图书馆、社区文化活动中心、商厦服务点、车站服务点等是上海市中心图书馆的基层服务点，其职责是就近为市民普及科学文化知识、提供公共信息、开展社区教育，发挥社区居民交流学习的社会职能，满足最基本的阅读、外借等学习需求。①

2003 年 10 月，上海市中心图书馆实现了所有区县（共 18 个区县）分馆及一卡通的全覆盖。随后，上海市中心图书馆一卡通向街镇延伸，建立市区（县）街镇两级总分馆制，向社区文化中心、商厦服务点、车站服务点等基层延伸。上海市中心图书馆文献物流实行社会化管理，通过向社会招标，2007 年 12 月 11 日，上海图书馆与上海邮政公司在上海图书馆举行了“上海市中心图书馆文献物流社会化签约仪式”，双方交换了协议文本，并从 2008 年 1 月开始实施。2010 年，上海市政府将全市实现一卡通街镇全覆盖工作列入当年市政府的重点工作，进一步推动了一卡通工作的开展，惠及广大民众。上海图书馆还针对广大读者希望就近提供参考外借的需求，于 2010 年 6 月 25 日推出了“网上委托借书，就近取书还书”服务，使上海图书馆的馆藏成为各分馆共享的资源。上海市中心图书馆的发展模式和一卡通的服务技术得到了

① 邱冠华，于良芝，许晓霞．覆盖全社会的公共图书馆服务体系：模式、技术支撑与方案．北京：北京图书馆出版社，2008. 81 ~ 83.

全国的肯定，并引发了全国总分馆建设和城乡区域一卡通发展的热潮。[①]

然而，由于上海市公共图书馆设置仅与行政区划有关，较少顾及地域特点、人口密度、服务半径等要素，以致整个体系的能效偏弱。有的馆舍条件甚差的图书馆一直呼吁建新馆而未能得到落实，有的正在建设的新馆也未真正纳入到全市公共图书馆体系的通盘考虑之中。至于在什么地方建图书馆、它和本市服务体系及整体布局的关系如何、建多大的图书馆、每个馆应拥有多少文献，购置什么样的文献等问题，仍未引起足够的重视。因此，就出现了一个面积为370平方公里的大区仅有一个面积为1 500平方米的小图书馆，一个户籍人口达到100多万的区的图书馆，其藏书量只有27万册，有的区图书馆偏离于居民密集居住地之外，而有两个区级图书馆却几乎相邻并存，有的区馆出现人均购书经费仅为0.69元等令人费解的现象。在街道/社区图书馆的发展中，也存在着发展不平衡、总体质量偏差的现象。上海市共有212个街道/社区图书馆，少数硬件条件优秀的馆，水平接近甚至超过区级馆，而更多的则可能已不足以称其为图书馆，或馆舍简陋，或经费不足，或文献匮乏，或专业人员奇缺，或功能缺失，或兼而有之，使得居住于不同区域的读者难以得到水平相似、相仿的图书馆服务。[②]

6.1.3 深圳“图书馆之城”建设[③④⑤]

1997年7月，深圳市人民代表大会常务委员会通过了《深圳经济特区公共图书馆条例（试行)》。2001年起，深圳市文化局先后出台了《深圳市社区（村）图书馆业务规范》、《深圳市社区（村）图书馆达标评估标准》、《深圳市社会文化工作考评标准》，使全市公共图书馆的发展有章可循。2003年1月，深圳市政府提出了“文化立市”的发展战略和建设高品位文化城市的发展目标，要求建设“两城一都一基地”——“图书馆之城”和“钢琴之城”、“设计之都”、“动漫基地”。

2003年10月，深圳市文化局发布了《深圳市建设“图书馆之城”(2003—2005）三年实施方案》（以下简称“图书馆之城”)，正式启动了“图书馆之城”的建设工作。“图书馆之城”明确规定：“争取每个社区（村）拥有一座规模不等的图书馆（室）或‘共享工程’基层用户。到2005年底，基

---

① 王世伟．上海市中心图书馆的十年发展与未来愿景．图书馆杂志，2011（1)：47～52.

② 周德明．关于上海市公共图书馆服务体系建设与完善的思考．图书馆杂志，2007（5)：32.

③ 余子牛．图书馆无特区——深圳图书馆之城建设侧记．高校图书馆工作，2010（4)：17～23，63.

④ 邱冠华，于良芝，许晓霞．覆盖全社会的公共图书馆服务体系：模式、技术支撑与方案．北京：北京图书馆出版社，2008.134～139.

⑤ 深圳市“图书馆之城”统一服务被授予广东省特色文化品牌．http：//www.szln.gov.cn/lib/news/768.do.

本实现每15万常住人口拥有一座公共图书馆，每1.5万常住人口拥有1个社区（村）图书馆（室）。”

“图书馆之城”建设工程启动后，深圳市各级政府积极响应，纷纷出台政策，提供财政支持。福田区提出了“图书馆之区”的文化建设目标，投资13亿元打造“一公里文化圈”；宝安区下发了《宝安区建设“图书馆之城”（2003—2007）五年实施方案》，南山区政府多次召开专门会议，确保建设场地、设备、资金落实到位。罗湖区、盐田区、龙岗区都把此项建设纳入了文化立区、文化强区的战略之中。

在“图书馆之城”实施的三年中，社区/村图书馆的最初建设（设置）经费大都来自区财政，图书馆场地多数由居委会或村委会提供，图书馆人员大都由居委会或村委会委派，各区图书馆都不同程度地参与了社区图书馆建设。到2006年底，深圳市拥有市级图书馆3个（深圳图书馆、深圳少年儿童图书馆、深圳市科技图书馆即深圳大学城图书馆），区级图书馆6个，街道图书馆51个，达标社区图书馆473个。图书馆之间实行分层“通借通还”：深圳图书馆与6个区级图书馆之间实施“通借通还”，区级图书馆与区内部分分馆之间实施“通借通还”。基本实现了每1.5万常住人口建有1个社区图书馆的目标。

2006年，深圳市政府在3年实施方案的基础上推出了《深圳市建设“图书馆之城”（2006—2010）五年规划》，要求：到2010年，拥有3个按省级标准建设的市级公共图书馆、6个按地（市）标准建设的区级图书馆、55个参照国家县级标准建设的区图书馆分馆/街道图书馆、600家达标社区图书馆（室），实现每15万常住人口拥有1个县级以上公共图书馆的目标。该规划进一步完善了以深圳图书馆为龙头，深圳市科技图书馆、深圳少年儿童图书馆和各区图书馆为骨干，各区分馆/街道图书馆为基础，社区图书馆为网点，全市各级各类图书情报机构参与合作的图书馆网络体系。

截至2009年12月31日，深圳市拥有各级公共图书馆628个，其中市级图书馆3个，区级图书馆6个，街道级及以下基层图书馆619个（见表6-1），并设有“城市街区24小时自助图书馆”40台，而且各馆在馆外建有数量不等的服务点，形成了深圳全市无所不在的图书馆服务网络。

表6-1 深圳公共图书馆分布一览表

项目	市级馆	宝安区	南山区	龙岗区	福田区	盐田区	罗湖区	光明新区	坪山新区	合计
公共图书馆总量（个）	3	150	98	104	97	23	104	25	24	628

在“图书馆之城”的建设中，总分馆建设是重要内容之一。“图书馆之城”总分馆建设主要以区级图书馆为总馆，街道或社区馆为分馆。但在不同的区，总分馆的建设模式也不相同，并非所有的基层图书馆都被归属到某个总馆之下，也并非所有的总分馆体系都被纳入了“通借通还”网络，例如，南山区的83家、宝安区的100余家社区图书馆都是孤立的网点。由于是按行政层级的方式建馆，未考虑人口密度和服务半径等因素，因而这种建馆方式在实践中存在明显的缺陷。南山区图书馆于2005年初向区政府提交了“构建南山区公共图书馆服务体系”的设想。设想提出参照香港模式，打破行政区划限制，根据需求进行合理布局，对建成的公共图书馆实行一体化管理，把辖区内目前近百家图书馆整合为以区馆为总馆，30家分馆外加2辆流动书车的南山区公共图书馆服务体系。2005年末，南山区图书馆利用政府下拨的社区图书馆建设经费，在桃源街道辖区内，建成了第一家一体化管理的分馆——众冠分馆。该馆在建设和管理体制上具有五大特点：①按需求选址(而不是按街道和社区行政建制设馆)，管理上与基层行政管理机构脱钩。该馆由区图书馆、众冠股份公司、桃源街道共同建设。行政上不属于街道或社区，由区图书馆主持建设，直接管理。②实行一体化管理。书刊统购统编。在人员上，总馆委派具有丰富工作经验的员工担任业务馆长，全权负责分馆的业务管理，其他工作人员则由企业出资，按照总馆要求聘用。录用的员工在总馆接受长达一个月的岗位轮训，符合要求后上岗。确保分馆从服务理念到服务流程，乃至各种基础设施、形象标志等基本沿用总馆的做法。③一体化服务。一证通用，资源共享，总馆与分馆使用相同借书证，分馆可使用总馆资源。④立足需求，实行个性化服务。⑤与企业共建，降低政府建设成本。企业免费提供场地及日常运营的水电、物管费用，购买书架、阅览桌椅，聘用工作人员数名，负担其工资福利；区图书馆负责提供书、报纸、期刊、电脑及其他数字资源，保证图书轮换更新及年度报纸杂志的订购，委派馆长及电子阅览室管理人员，负担其工资福利。各项读者活动的开支也由图书馆提供。众冠分馆模式得到了市领导的高度赞赏。市文化局在全市“图书馆之城”建设工作会议上介绍了南山区的办馆经验，会议亦组织与会者到众冠分馆现场参观。该模式后被各区广泛采用。众冠分馆试验成功，引起了南山区政府领导的高度关注。2008年，南山区政府将建立南山区公共图书馆服务体系列入当年全区重大创新项目。区长亲自召开政府常务会研究并批准了南山图书馆提交的建设方案，并下拨450万元用于当年的分馆建设。至2009年末，南山区共建成7家一体化管理的分馆。区政府每年对各分馆下拨20万～30万元不等的经费，确保各分馆正常运行。这些分馆的规模有的超过街道图书馆，有的相当于社区图书馆，皆是依照全区整体布局而建设，脱离基层行政主管机构而独立设置，由区图书馆直接管理，资源共享，服务规范，因而社会效益极为明显。南山区图书馆总分馆建设取得的成功经验证明，多年来形成的各级政府各自为政的财政、人事制度，将要让步于适应新形势发展需要的公共图书馆管理体制。

2009 年，深圳市公共图书馆启动了“图书馆之城”统一服务平台建设，统一全市公共图书馆的条形码、RFID 标签，建立统一的书目数据库和读者数据库，实现对馆藏数据、读者数据、流通数据的集中运作、管理和维护，通过“图书馆之城”门户网站统一导航、统一检索、统一使用，着力打造“全城一个图书馆”，为读者提供便捷、高效、无差别的一站式图书馆服务。2012 年 4 月 23 日，深圳市“图书馆之城”统一服务平台正式启动，同时发布了“图书馆之城”统一服务 LOGO，目前已实现市、区、街道、社区共 179 家公共图书馆及 200 台自助图书馆的互通互联、资源共享和一证通行、通借通还，这标志着统一服务成为深圳市“图书馆之城”的又一个新里程碑。

6.2 主要模式

为了总结经验，推进各地图书馆事业的发展，2007 年中国图书馆学会设立专项资助项目“图书馆服务网络构建模式研究”课题，由苏州图书馆馆长邱冠华和南开大学教授于良芝联合承担，以期了解、分析、总结我国公共图书馆界在普遍均等服务目标驱动下开展的服务网络建设的经验。课题组通过电话成功访谈了 123 家地市级公共图书馆，实地考察了总分馆建设和服务网络建设比较活跃的北京、上海、天津、苏州、杭州、广州、深圳、东莞、佛山和嘉兴 10 个城市，并对 11 个典型个案进行了深入剖析，将近年来公共图书馆服务体系的建设内容归纳为三个方面：基层图书馆、固定服务点及流动图书馆建设，总分馆体系建设，区域性服务网络建设；总结出了三种建设模式：基层图书馆建设模式，总分馆体系建设模式，区域性图书馆服务网络建设模式。公共图书馆服务体系创新模式主要集中在北京及东部地区，能同时从基层馆、总分馆、区域性网络三个方面建设公共图书馆服务体系的地区主要集中在北京、上海、江苏、浙江、广东。[①]

---

① 于良芝，邱冠华，许晓霞. 走进普遍均等服务时代：近年来我国公共图书馆服务体系构建研究. 中国图书馆学报，2008 (3)：31 ~40.

6.2.1 基层图书馆建设模式[①]

基层图书馆是指满足下列条件的县级及以下独立建制的图书馆或分支机构：①具有独立的或与其他机构合用的馆舍；②具有一个基本馆藏；③具有常规的人员配置（专职或能保证固定工作时间的兼职人员）；④具有固定的开馆时间。而“服务点”是指由现有公共图书馆扶持或设置，但不满足上述条件的图书借阅场所（包括流动图书馆的停靠点）。

基层图书馆建设包括街道/乡镇图书馆建设、社区/乡村图书馆（室）建设和流动图书馆建设。在整个公共图书馆服务体系建设中，其目标就是提高公共图书馆的覆盖率，使更多的人能就近获取公共图书馆的服务。我国“基层图书馆”的概念通常被用来指县级及以下的图书馆。从“六五”到“十五”的25年间，我国基本上实现了县县有图书馆的目标。近年来，基层文化设施建设的重点已经开始转移到街道/乡镇和社区/村庄两级，以保证公共图书馆服务对大多数人口的覆盖。

1. 街道/乡镇图书馆建设

近年来，中央及地方政府的相关政策对街道/乡镇一级图书馆都有相对明确的规定，这包括：①性质：街道/乡镇图书馆是公益性文化设施的组成部分，主要由公共财政支持，是政府的责任；②覆盖率：普及到每个街道/乡镇，一般作为街道/乡镇综合文化服务站的组成部分；③建设主体：一般为街道/乡镇政府，但2002年的《关于进一步加强基层文化建设的意见》已经提出“加强基层文化建设的主要责任在县（市）、区级人民政府”；④管理：乡镇文化站要配备专职人员管理。目前，其建设主要有三种模式：第一种是由县市级政府主导建设（以红头文件或其他方式加以推动，并在经费上予以扶持）的图书馆；第二种是由县级或县级以上图书馆与街道/乡镇政府按协议联合建设的图书馆（通常作为县级或县级以上图书馆的分馆）；第三种是街道/乡镇政府自主建设的图书馆（通常会得到县级及以上图书馆的业务扶持）。北京市部分区县的街道/乡镇图书馆是第一种模式的代表，苏州、嘉兴等地的街道/乡镇图书馆是第二种模式的代表。

2. 社区/乡村图书馆（室）

关于社区/乡村一级图书馆（室）的建设，我国的政策相对模糊。目前社区/乡村图书馆（室）存在多种形式。第一种是由县市级政府按照一个社区/乡村一个图书馆（室）的布局统一建设并维持运行的公益性图书馆（室）。

---

① 邱冠华，于良芝，许晓霞．覆盖全社会的公共图书馆服务体系：模式、技术支撑与方案．北京：北京图书馆出版社，2008.6，51～53.

如在深圳市福田区，每建一个社区图书馆，区政府就投入 15 万元设置经费，另外每年再投入 10 万元运行经费。第二种是由县市级政府以项目形式统一设置但由居委会/村委会自主运行的图书馆。如在深圳市南山区，区财政一次性投入 700 万元建起了 83 家社区图书馆。第三种形式是农家书屋。第四种形式是由居委会、村委会或社会力量与现有公共图书馆联合建设的图书馆（室），通常作为现有公共图书馆的分馆或服务点。如深圳市南山区图书馆与工业园区合建的众冠分馆。第五种是由居委会、村委会或社会力量自主设置和运行的图书馆（室）。

3. 流动图书馆

流动图书馆一般以流动图书车的形式存在。流动图书馆是根据读者需求和图书馆设置标准，利用车辆的机动性，在远离图书馆或交通不便的人口聚集区域定期提供服务的一种形式。它不仅是基层图书馆建设盲区的必要补充，而且可以成为总分馆体系和区域性图书馆服务网络的有效补充。其借助计算机网络技术特别是无线上网技术，可以与总馆实现通借通还，并且支持预约借书，已成为公共图书馆服务体系的一个重要组成部分，成为了真正流动的图书馆。

6.2.2 总分馆体系建设模式

严格意义的总分馆体系是由同一个建设主体资助、同一个主管机构管理的图书馆群，其中一个图书馆处于核心地位且作为总馆，其他图书馆处于从属地位且作为分馆。分馆在行政上隶属于总馆，或与总馆一起隶属于同一个主管部门，在业务上接受总馆管理。整个总分馆体系可以对人、财、物进行统一管理，对文献进行统一采集、加工、配置，对读者发放统一读者证，对读者活动进行统一策划，采用统一的管理系统、服务规范、规章制度，是一个管理统一、联系紧密的服务体系。

近年来，我国公共图书馆界致力于建设具有一定的统一管理能力、服务相对规范、联系相对紧密、可持续发展能力相对强的图书馆共同体（准总分馆体系），该共同体可以借助总馆的力量维持分馆的可持续发展，借助分馆的触角延伸总馆的服务。可以说，当前我国公共图书馆总分馆体系建设的实质就是在现有体制框架内寻求一种使图书馆共同体成为可能的途径或模式。截至 2008 年，已经出现的总分馆体系建设模式大致可以归纳为以下几种：①通过自下而上全委托而形成的总分馆体系，如厦门图书馆；②通过自下而上半委托而形成的总分馆体系，如天津的阳光 100 小区分馆；③通过自上而下全委托而形成的总分馆体系，如深圳市福田区的总分馆制；④通过自上而下半委托而形成的总分馆体系，如东莞市“图书馆之城”、北京西城区的总分馆制；⑤通过体制改革形成的纯粹总分馆体系，如佛山市禅城区的联合图书馆。[①]

6.2.3 区域性图书馆服务网络建设模式[②]

区域性图书馆服务网络，是指一个地区的图书馆在一定的协调组织和计算机管理系统支持下，组成由若干总分馆体系和独立建制的图书馆共同参与的网状行业管理结构，使不同的总分馆体系或独立建制的图书馆可以突破因建设主体不同而产生的资源所有权限制，在一定程度上共享资源。区域性图书馆服务网络的建设核心就是确立成员馆之间资源共享的方式，并为这一方式的顺利运行提供技术和管理支持。其建设实质就是通过行业协调，在不同建设主体负责的图书馆之间形成资源共享机制，使读者的跨馆利用行为成为可能。因此，从理论上来说，区域性图书馆服务网络建设要解决的是资源共享机制问题。近年来，各地正在探索的资源共享机制大致分为以下三种：一卡通借模式、一卡通借通还模式、分层通借通还模式。

（1）一卡通借模式，是指一个地区的图书馆在一定的协调组织和计算机管理系统支持下，组成由三级或四级图书馆（市、区县、街道/乡镇、社区/村图书馆）共同参与的网状行业管理结构，读者用一张读者证就可以到网内任何一个图书馆（节点）借阅图书，但须将所借图书归还原馆。典型的代表有 2007 年 5 月以前的“北京市公共图书馆服务网络”。

（2）一卡通借通还模式，是指一个地区的图书馆在一定的协调组织、计算机管理系统和物流系统支持下，组成由三级或四级图书馆（市、区县、街道/乡镇、社区/村图书馆）共同参与的网状行业管理结构，读者用一张读者证就可以到网内任何一个图书馆（节点）借阅图书，且可以将所借图书归还网内任何一个图书馆。如“上海市中心图书馆一卡通”、杭州“一证通”。

（3）分层通借通还模式，是指一个地区的图书馆在一定的协调组织、计算机管理系统和物流系统支持下，组成由三级或四级图书馆（市、区县、街道/乡镇、社区/村图书馆）共同参与的网状行业管理结构，读者用一张读者证可以到网内任何一个图书馆（节点）借阅图书，同时可以在一定范围（如一个区）内通借通还任何图书馆的图书。如 2009 年以前的深圳市“图书馆之城”、佛山市联合图书馆。

以下是上述三种图书馆建设模式及其特点和条件（见表 6－2、表 6－3、

---

① 邱冠华，于良芝，许晓霞．覆盖全社会的公共图书馆服务体系：模式、技术支撑与方案．北京：北京图书馆出版社，2008.53～62.

② 邱冠华，于良芝，许晓霞．覆盖全社会的公共图书馆服务体系：模式、技术支撑与方案．北京：北京图书馆出版社，2008.8，62～68.

表6－4）。①

表6－2 基层（街道/乡镇、社区/村）图书馆建设模式

模式	特点	条件
政府主导型	➡市区县政府主导，建设主体上移 ➡统一规划、统一布局标准、全覆盖 ➡项目思路：在一定时间内实现全覆盖，未必考虑可持续发展 ➡不一定产生总分馆体系	➡地区经济较发达 ➡市区县政府重视文化建设（如制定了文化大省发展战略或文化立市发展战略）
联合建设型	➡基层政府和市区县图书馆联合建设 ➡零散，无统一布局标准 ➡与总分馆建设相结合	➡市区县图书馆具有较清晰的职业理念和较强的职业开拓性 ➡基层政府或社会力量比较重视文化建设

表6－3 总分馆体系建设模式

模式	特点	条件
自下而上全委托	➡分馆的主管部门作为建设主体；总馆作为全面管理者 ➡分馆权利全面转让（人事、经费） ➡资产权属于分馆，但比较淡化	➡总馆具有先进的职业理念、较强的服务能力和管理能力 ➡开明的基层政府或基层组织
自下而上半委托	➡分馆的主管部门作为建设主体；总馆作为文献提供者和业务扶持者 ➡无权利转让	➡基层馆已经有一定的基础 ➡总分馆的互惠程度相当
自上而下全委托	➡总分馆体系所涵盖地区的最高政府作为分馆的主要建设主体；总馆作为业务管理者 ➡资产权属于总馆	➡经济比较发达 ➡总分馆体系涵盖地区的最高政府具有较强的财政能力和文化建设战略 ➡总馆能力较强

① 于良芝，邱冠华，许晓霞．走进普遍均等服务时代：近年来我国公共图书馆服务体系构建研究．中国图书馆学报，2008（3）：31～40.

（续上表）

模式	特点	条件
自上而下半委托	➡总分馆体系所涵盖地区的最高政府作为分馆的联合建设主体；总馆作为业务扶持者 ➡资产权属于分馆	➡经济比较发达 ➡总分馆体系涵盖地区的最高政府具有较强的财政能力和较具体的文化发展战略 ➡分馆具有较好的基础
纯粹总分馆	➡总馆与分馆建设主体完全统一 ➡总馆作为分馆的行政和业务管理者 ➡总馆拥有对分馆的所有控制权	➡公共图书馆建设体制的改革

表 6－4　区域性网络建设模式

模式	特点	条件
一卡通借	任意馆借书，哪借哪还	➡统一管理的书目数据 ➡统一管理的读者数据 ➡统一的规范规章（如罚款规定）
通借通还	任意馆借书，任意馆还	➡统一管理的书目数据 ➡统一管理的读者数据 ➡统一的规范规章（如罚款规定） ➡统一的收益管理制度和系统 ➡浮动馆藏或动态资产权或遍布整个区域的统一的物流系统
分层通借通还	在一定范围内实行通借通还	➡每个层次有统一的书目数据、读者数据、规范规章、收益管理系统 ➡跨层次图书馆要维持两套系统 ➡浮动馆藏或动态资产权或多个局部物流系统

6.3 存在问题

6.3.1 基层图书馆的建设主体问题

街道/乡镇图书馆以及社区/乡村图书馆（室）是公共图书馆服务体系的末梢组织，数量庞大、覆盖人口众多，其发展将在很大程度上决定我国能否真正实现普遍均等的公共图书馆服务。然而，按照我国目前的体制，这些图书馆的建设者是公共图书馆建设主体中能力最弱的部分——乡镇政府、街道办事处、居委会、村委会、社会力量。建设主体的薄弱至少为基层图书馆建设带来了以下问题：①长效机制或可持续发展问题。近年来出现的街道/乡镇图书馆多数都存在经费不足、人员不稳定、人员素质无法保证、服务不规范、利用率低等问题，它们的可持续发展前景的确不容乐观。②基层图书馆的布局问题。在现行体制下，要求按行政区划在每个街道/乡镇、社区/行政村设置一个图书馆或图书室，而不考虑社区或村的人口密度、面积、两个相邻居委会（村委会）之间的距离、居委会与街道图书馆的距离等因素，由此形成的图书馆布局未必是科学的，也未必是经济的。在深圳市，各区政府主导的社区图书馆建设就是按每个社区一个图书馆（室）的布局推进的，南山区为此设置了83个社区图书馆，但据南山区图书馆的估计，如果能够打破行政区划界限，这些图书馆完全可以整合为40个。③基层图书馆“全覆盖”的可能性问题。目前，社区/乡村一级图书馆主要靠居委会、村委会等基层组织和社会力量维持，缺乏明确稳定的公益性建设主体，因此，这一层次的全覆盖事实上缺乏稳定的经费保障。即使政府可以通过短期项目或工程完全覆盖，也很难保障长期覆盖。因此，要保证基层图书馆的持续健康发展，必须突破现有建设主体的分工，重新界定基层图书馆的建设主体。遗憾的是，近年来尝试的基层图书馆建设模式都未能实现这一突破。在政府主导下，虽然财政能力较强的市区县政府开始主动分担基层图书馆的建设责任，但是，由于这种责任没有被制度化，市区县政府对基层图书馆的参与更多被视为善举而不是义务，因此具有不彻底性（如北京市）和临时性（如深圳市）。在北京市的区街共建模式中，区政府的参与是以配套经费的形式提供的，因而只能在一定程度上辅助街道图书馆的发展；而在深圳市，多数区政府对社区图书馆的投入都是一次性的。①

① 于良芝，邱冠华，许晓霞．走进普遍均等服务时代：近年来我国公共图书馆服务体系构建研究．中国图书馆学报，2008（3）：38.

6.3.2 总分馆建设中的体制障碍

我国现行公共图书馆建设体制总的来说是分级财政的产物。这种制度在我国确立了公共图书馆的多元建设主体和多级管理单元，形成了每一级政府和基层组织基本上只承担一个图书馆的建设责任，每一级政府都独立设置公共图书馆管理机构，负责本级公共图书馆的人事、政策、发展规划等，使每个图书馆都是一个独立的实体，相互间都难以有效共享资源（包括经费、人员、文献、空间等）。这事实上排除了在图书馆之间形成统一管理、统一服务的总分馆体系的可能。我们现有的总分馆模式（除了纯粹的总分馆）都可以看作是图书馆职业为了追求普遍均等服务对体制障碍的突破。① 如深圳市南山区总分馆的建设。

目前几种不同模式的“总分馆制”仍有一些局限性，主要表现在：“总分馆制”的重点在管理模式即运行机制上，其实施的范围有限；几种总分馆制模式都还缺乏制度性保障，基本上都是图书馆人的自觉行为和领导的个人因素，通常以临时性契约的方式来实现，比较脆弱；总分馆制实现的范围较窄、层级较低，全国范围内的分层分级保障体系尚待建立。②

总分馆建设归根结底是一个制度问题，而不是职业问题，仅仅通过行业合作不可能建立起真正意义上的总分馆体系。2008 年 5 月，“构建公共图书馆服务体系嘉兴高层论坛”所形成的“嘉兴共识”有如下表述：“总分馆建设的最大障碍是体制障碍。具体来说，是总分馆制内要求的人、财、物相对统一与现行行政‘分级管理’、财政‘分灶吃饭’体制的矛盾。总分馆制需要解决‘合适的区域单元’和‘合适的管理层级’的问题。各级政府在构建总分馆形式的公共图书馆服务体系时，对此应有清醒的认识、科学的决策、恰当的解决办法。”③

---

① 于良芝，邱冠华，许晓霞．走进普遍均等服务时代：近年来我国公共图书馆服务体系构建研究．中国图书馆学报，2008（3）：31～40.

② 陈力．关于我国公共图书馆事业发展若干问题的思考．中国图书商报，2012－08－28.

③ 李国新．“总分馆”建设的最大障碍是体制障碍——《覆盖全社会的公共图书馆服务体系：模式、技术支撑与方案》读后．图书馆建设，2008（9）：1～3.

7 区域图书馆建设和启示

7.1 先行区公共图书馆

7.1.1 公共图书馆建设主体

2007年，邱冠华、于良芝承担了中国图书馆学会专项资助项目“图书馆服务网络构建模式研究”课题，对北京、上海、苏州、杭州、深圳等先行区公共图书馆开展的“覆盖城乡、普遍均等服务”工作进行深入调查研究，指出我国现有公共图书馆建设体制的突出特点是分级财政基础上的多元建设主体和多层管理体制，基本上形成了一级政府建设并管理一个图书馆的格局，这种体制和形成的格局已经带来的明显弊端有[①]：①直接导致了社区/村一级图书馆公益性建设主体悬空，因为这一级没有相对应的政府，因而也就没有相对应的公益性建设主体。②导致了区域内图书馆事业发展的不平衡，不利于区域内图书馆的整体发展。③不利于区域内图书馆形成联系紧密的总分馆体系。④导致城乡公共图书馆服务水平的巨大差异。在现有体制下，靠省级财政支持的省级公共图书馆从理论上说是服务于全省人民，但事实上主要服务于省城的机构和居民；靠地市级财政支持的市图书馆从理论上说是服务于全市人民，事实上却主要服务于城区居民；县财政支持的县级图书馆理论上说是服务于全县人民，事实上却主要服务于县城居民。政府行政级别越低，财力越弱，公共服务的保障能力越弱，其对应的图书馆的服务能力也就越弱。到了人口总量最多的乡镇、村一级，公共图书馆服务基本上就是空白。⑤图书馆事业的整体运行成本很高。因此，要建设全覆盖的公共图书馆服务体系，需要突破我国当前公共图书馆的多元建设主体和多层管理体制，即突破“一级政府建设并管理一个图书馆”的格局，实行建设主体上移，将地级市的市政府定为整个城区公共图书馆的建设主体，将县级政府定为全县公共图书馆的建设主体。

---

① 邱冠华，于良芝，许晓霞．覆盖全社会的公共图书馆服务体系：模式、技术支撑与方案．北京：北京图书馆出版社，2008.201.

7.1.2 总分馆管理是节约成本、实现服务均等化的有效途径①

2009年1月，中国图书馆学会在北京召开了2009年新年峰会，专题讨论、部署《公共图书馆法》立法支撑研究事宜，形成了围绕《公共图书馆法》的11个研究专题，其中于良芝、邱冠华、李超平、高文华、屈义华和王素芳负责“公共图书馆设置与体系建设研究”课题。

课题组首先对不同体制下的公共图书馆服务体系进行成本（包括建设成本和运行成本）分析与调研，以广东佛山市禅城区、广东东莞市、江苏苏州市、浙江嘉兴市、深圳南山区为案例。对每个总分馆体系中的分馆按照两种模式（总分馆模式和单独设置模式）分别计算了其设置成本和运行成本，比较了总分馆模式中的基层图书馆建设成本和单独设置的基层图书馆建设成本的差别，然后以总分馆模式下的成本为经验数据，估算了在这些地区建设全覆盖的公共图书馆服务体系的总成本。其次，调研是针对地级市政府和县级政府财政能力的统计分析，以确认他们作为我国公共图书馆服务体系主要建设主体的能力。按照经济发展状况和地域分布，抽取了辽宁、陕西、湖北、江苏、广东五个省份作为样本，再按经济水平和地域分布从每个省份选取若干地级市为样本，然后从该省每个市的区县列表中抽取倒数第二个作为县级样本。第三，参照国内外的一些标准、指标，暂时确定每5万人一座图书馆为我国现阶段公共图书馆的全覆盖标准。参考《公共图书馆建设标准》，假定县级以上城市按城区人口总数设置最高级别（大型、中型或小型）的图书馆，此外按5万人一所设置分馆（450平方米）；县级按全县人口总数设置最高级别的图书馆，此外按5万人一所设置分馆（450平方米）。其中450平方米的建设面积是禅城、嘉兴、苏州三地分馆面积的平均数。第四，计算建筑成本（土建、消防、强弱电、空调、给排水等）：大型馆按5 000元/平方米计算，中型馆按3 000元/平方米计算，小型馆和分馆按1 500元/平方米计算。装修和设备成本（建设成本）按1 000元/平方米计算。第五，计算运行成本：大中型馆按1 000元/平方米计算，小型馆按300元/平方米计算；单位成本是在参考苏州、嘉兴、佛山总分馆数据资料的基础上，综合考虑地区因素后的经验数值。研究选择的案例大都以紧密型总分馆为特征。选择紧密型总分馆进行成本分析是因为这一模式最完整地反映着总分馆的内在规律（人财物统一管理、分馆按一定的科学要求合理布局、资源在体系内部充分流动和共享、体系内提供的服务基本一致等），也最有可能降低成本。

---

① 邱冠华等．公共图书馆的设置与体系建设研究．中国图书馆学报，2010（2）：16～23，45.

对佛山市禅城区联合图书馆、东莞市“集群图书馆”总分馆体系、苏州图书馆总分馆体系、嘉兴图书馆总分馆体系和深圳南山区总分馆体系研究分析可知，在上述地区，目前的分馆建设规模还十分有限，距离全覆盖还相差很远。一旦要建成全覆盖的公共图书馆服务体系，总分馆覆盖模式带来的成本节省可以达到什么程度？表7－1是按每5万人一所分馆、每所分馆450平方米的经验性数据计算的案例地区成本节省情况。根据这些数据和分析，至少在上述五个地区，如果将总分馆体系中的分馆独立设置，并假定其资源和服务均达到“分馆”水平，那么，其单位成本和总成本都会大幅度增加。

表7－1 一个地区按总分馆模式可以节约的图书馆建设成本和年度运行成本

样本地区	平均1所分馆节约的建设成本（万元）	平均1所分馆节约的年度运行费（万元/年）	节约的建设成本合计（万元）	节约的年度总运行成本合计（万元/年）
佛山市禅城区	52.6	21.13	631.2	253.56
东莞市	12.46	8.87	1 731.94	1 232.56
苏州市区	38.4	27.87	3 072	2 229.6
嘉兴市	83.27	26.47	6 828.14	2 170.54
深圳市南山区	65.56	12.68	3 540.2	684.72

从上述五个地区的比较分析中可以发现，总分馆体系下的分馆与独立运行的图书馆的成本差异主要产生于规模经济效果。按过去的体制，一级财政只负责本级相应的图书馆的建设和运行。即使在一个城市中，市、区都各自需要有自己的图书馆，因此各自需要配备图书馆必需的各方面专业人员，每个图书馆都要有自己的行政管理部门、后勤保障部门、计算机技术维护部门，要有自己的书库、网站、数据库，要有自己的图书采访、著录、加工。所以，各个图书馆之间不仅文献资源采购会大量重复，还会有行政人员、财务人员、采访人员、采编人员、计算机网络人员等重复。总分馆制中的分馆至少可以从两个方面受益于规模经济效果：一是分馆因有总馆在专业、技术、行政、后勤等方面的支撑而节省的人员成本；二是因分馆在资源上通过总分馆体系内（包括总馆和其他分馆）的统一采编、充分流动、按需调配等共享方式而节省的资源建设成本。从图书馆的实践来看，图书馆专业服务的不可替代性，主要是通过专业人员作用于馆藏资源而得以实现，而且专业人员和馆藏资源是图书馆所有成本中最大的两块。分馆恰恰可以依托总馆压缩上述两方面的

成本，降低全覆盖的公共图书馆服务体系的建设成本。

历史的经验和当前的实践都表明，我国建设全覆盖的公共图书馆服务体系的关键是建立健全基层图书馆，而建立健全基层图书馆的有效途径是把基层图书馆建设纳入一个总分馆体系。

公共图书馆设置与体系建设研究为各地市县区域图书馆总分馆的建设提供了借鉴与参考。

7.2 台湾地区公共图书馆①②

台湾地区包括图书馆在内的公共文化事业走在亚洲前列，形成了遍布城乡、布局合理的公共图书馆服务体系。在台湾，规模宏伟的图书馆建筑很少看到，大多数是更贴近民众的中小型图书馆。台湾共有524个大小不一的公立公共图书馆（见表7-2），其中县市级以上图书馆100个，乡镇图书馆338个、乡镇图书馆的分馆86个。此外，台湾许多县市图书馆拥有流动图书车，开展“行动图书馆”（也称为流动图书馆）服务。台湾地区还有私立公共图书馆61所③，有的是由私人捐建交政府部门管理的公益图书馆，以捐赠者的名字命名，有的完全是自建自管。

表7-2 台湾地区公共图书馆统计表

建设主体 地区	“教育部”		“直辖市”		县市文化局		乡镇公所		民众 阅览室
	总馆	分馆	总馆	分馆	总馆	分馆	总馆	分馆	
台北市			1	42					11
高雄市			1	15					
基隆市					1		7	1	
台北县	1				1		30	51	
桃园县					1		13		
新竹县					1		13		
新竹市					1		18	3	
苗栗县					1	1	11	2	
台中县					1		21	6	
台中市	1	1			1	1	11	2	
南投县					2		13		

① 邱冠华．宝岛台湾的公共图书馆设置与体系管窥．新世纪图书馆，2011（2）：49~52.
② 彭飞．台湾地区公共图书馆事业见闻与思考．图书馆，2012（1）：79~80.
③ 王嘉陵．台湾地区的公共图书馆服务．四川图书馆学报，2012（5）：81~84.

（续上表）

建设主体 地区	“教育部”		“直辖市”		县市文化局		乡镇公所		民众 阅览室
	总馆	分馆	总馆	分馆	总馆	分馆	总馆	分馆	
彰化县					1		20	1	
云林县					1		20	1	
嘉义县					1		18	1	
嘉义市					1	2			
台南县					1	1	31		
台南市					1	6			
高雄县					1	1	27	9	
屏东县					1	1	33	3	
台东县					1		15	1	
花莲县					1		13		11
宜兰县					1		12	5	
澎湖县					1		5		
金门县					1		4		
连江县					1	1	3		
总计	2	1	2	57	24	14	338	86	

台湾乡镇图书馆事业已达到了较高的发展水平，已经实现了“一乡镇，一图书馆”的目标。20 世纪 80 年代到 90 年代，台湾提出了“一乡镇，一图书馆”的发展战略，并于 1984 年出台“台湾省加强文化建设重要措施”，其中重要措施之一就是补助经费普设乡镇图书馆，充实乡镇文化资源。为了吸引更多读者使用图书馆，2003 年 2 月至 2004 年 6 月台湾推出了“公共图书馆空间及营运改善计划”，共计投资 12. 5 亿元新台币改造公共图书馆的空间和功能，打造“民众的大众书房”，已有包括乡镇图书馆在内的 301 家公共图书馆从中受惠①。

乡镇图书馆大多是独立设置的，占地面积普遍在 500 平方米以下，有些还没有单独的图书馆建筑；一般每个乡镇图书馆只有 2 ~3 个正式编制的图书馆管理员，有的甚至没有正式编制人员，靠临时人员解决；藏书量基本都不足 10 万册，服务的人口大多是在 5 万人以下，是真正民众身边的图书馆。按

① 罗小红．爱上图书馆——访问台湾公共图书馆之行．深图通讯，2005（2）：58.

台湾2 310.9万人口计算，每个公立公共图书馆的服务人口为4.41万人，达到了国际图联每5万人口设有一所公共图书馆的标准。

7.2.1 公共图书馆建设主体

2001年1月17日，台湾颁布了《图书馆法》。按照《图书馆法》规定，台湾的几个图书馆如“国家图书馆”、“国立中央”图书馆台湾分馆、“国立”台中图书馆主体上隶属于教育系统，其主管机关是“教育部”。但“直辖市”、县级及以下基层图书馆的建设主体是当地政府，并由各地文化局（文建会）管理。

2002年10月28日起施行的《公共图书馆设立及营运基准》，对公共图书馆的设立、人员、馆藏、馆舍、服务和管理都有明确的规定，可操作性很强。它将台湾的公共图书馆分为“公立公共图书馆”、“私立公共图书馆”两大类，其中“公立公共图书馆”又细分为“国立”图书馆、“直辖市”立图书馆、县（市）立图书馆及县（市）文化局（中心）图书馆（简称县市图书馆）、乡（镇、市）立图书馆（简称乡镇图书馆）。规定县市图书馆配备的专业人员不低于15人。乡（镇、市）立图书馆是公立公共图书馆的最后一类。

台湾县市文化局（中心）图书馆、乡镇图书馆及分馆都由县政府或乡镇公所作为建设主体，除少数分馆和民众阅览室外，均独立设置，由哪一级“立”，就由哪一级投资建设和管理，图书馆之间没有隶属关系。许多乡镇公所的经济状况并不理想，由这些乡镇公所作为建设主体的公共图书馆出现经费紧张的情况也就在情理之中。县文化局是全县公共图书馆的业务主管部门，行使对全县乡镇图书馆的管理职能，定期对辖区内乡镇图书馆开展评估、评比、表彰等工作。

7.2.2 总分馆建设

台湾的许多公立公共图书馆都有分馆，但并非均以总分馆的形式存在。真正规模化地实行总分馆制的主要是台北市和高雄市。台湾没有独立设置的社区（村）图书室，要么是县市图书馆或乡镇图书馆的分馆，要么是民众阅览室，虽然名称不同，但实质都是由总馆直接管理的分馆，因而能够提供与总馆基本一致的专业服务。但并非所有镇立图书馆都在社区设置民众阅览室，有的镇立图书馆是以流动图书车的方式来达到服务的延伸。

台北市立图书馆是一个统一管理的真正的总分馆体系，是台湾规模最大的公立公共图书馆系统，建设主体为台北市政府，为台北市的12个行政区262.29万市民服务。2010年3月，台北市立图书馆共有场馆56个（包括1个总馆、42个分馆、11个民众阅览室、2个智慧型图书馆即无人图书馆），平均每4.68万台北市民拥有一座图书馆。总分馆内部实行人、财、物统一管理，统一采购、分编、加工和调配文献资源，统一对外开展服务，统一组织读者活动，例如其“悦读台北”活动就组织得有声有色，范围覆盖全台北市，参与部门和单位众多，影响广泛。台北市立图书馆有工作人员 436 名（其中正式馆员 399 名、辅助人员 37 名），正式馆员是公务员，图书馆专业人员数量与服务人口之比为 1.52：10 000，即每万人有 1.52 名图书馆员。但尚未达到《公共图书馆设立及营运基准》中对“直辖市”立图书馆“每人口总数五千人，置专任人员一人”的标准。根据《台北市立图书馆年刊·2008 年度》中的统计报表显示，台北市立图书馆总分馆体系馆藏文献资源 551.4 万册，数据库 44 个，年度经费预算 54 939.43 万新台币（约合 1.2 亿元人民币），其中购书经费5 979.65万元新台币。2008 年，市民人均到馆 5.24 次，人均外借图书 3.34 册。

7.2.3 图书馆社会定位与服务

台湾地区形成了布局合理、遍布城乡的公共图书馆服务体系，它在服务层次上就有了比较合理的选择。台湾“国家图书馆”是一所研究型图书馆，重点工作是典藏和为学术与科研服务。这所图书馆的藏书只提供阅览，不外借，并且仅面向 19 岁以上的读者。其主要业务之一是带领台湾图书馆事业进步、推动全台的阅读风气、开展一些对外合作交流活动。“国家图书馆”的明确定位是面向高端服务并在全台起到引领、指导的作用。“国立”台中图书馆今后的定位就是打造“国家级”数位公共图书馆（即数字图书馆），以后要改名为“国立公共资讯图书馆”。它以虚拟的公共服务空间，为读者提供除了家庭及工作单位之外的第三空间，让民众自由阅读、探索、休闲、终生学习。该馆以全台湾公共图书馆资源共享为原则，正在整合数字资源，已经对 1.4 万本中文印刷图书进行了数字化，有针对性地外购数据库，使各馆可以用锁定 IP 地址的方式来使用台中图书馆的数字化资源。

台湾县市级以下图书馆则主要是承担为普通民众提供服务的任务。如花莲市立图书馆（花莲市是花莲县的县辖市，为花莲县政府所在地，有县立和市立图书馆 2 座），除总馆以外，它还有儿童分馆、乐龄分馆，以及一个玫瑰石文化馆。其中乐龄分馆的馆藏图书已达到 1.5 万册。所谓乐龄，在台湾是非常兴盛的，因为民众都在老龄化，到 55 岁就可称为乐龄。在乐龄分馆收藏的就是养生、旅游、休闲、运动等方面的图书，提供给老年人阅读。许多市县图书馆还开办了基层图书馆，如花莲市图书馆就开设了 11 个社区民众阅览室。

台湾《图书馆法》规定，高校图书馆是“以大专校院师生为主要服务对象，支持学术研究、教学、推广服务，并适度开放供社会大众使用之图书馆”。台湾大学的图书馆是台湾岛内大学资料量最多的图书馆，图书馆除了为本校师生服务以外，还对社会开放，每天限发200个阅览证。

7.2.4 图书馆协作与辅导工作

台湾地区的图书馆拥有良好的协作和资源共享理念，注重馆际之间的合作。台湾“国家图书馆”与美国国会图书馆的联合编目、与世界各国图书馆间的馆际交流、馆际交换已形成制度，从而带动台湾地区图书馆事业在全球同行中占有一定的位置。

台湾的公共图书馆分别隶属于教育和文化系统，但在某些方面并不影响图书馆之间的辅导、馆际合作和资源共享。台湾地区公共图书馆重视辅导工作。2002年12月27日，台湾“教育部”专门颁布了《图书馆辅导要点》，要求建立全台湾图书馆辅导体系，以岛内各类型图书馆为辅导对象，成立以行政管理系统设置的辅导团，如公共图书馆辅导团。辅导方式有观摩研讨、教育训练、业务访视及编印辅导专刊等。“国立”台中图书馆有对全台湾县市以下图书馆开展辅导工作的职能，重点工作包括：辅导、创新、数位化及推广。该馆辅导工作兼顾全台湾524个县市乡镇级公共图书馆，包括办理各项人才培训计划。在推广工作方面，该馆多次协调全台湾公共图书馆办理大型行销活动，如“‘全国’好书交换”、“读书乐在台湾”等。

台湾地区的很多县市都加强对乡镇图书馆的整合，其中一个很重要的措施就是在同一县市内实行通借通还，共享资源，如台北县立图书馆联合了全县29个乡镇80多所公共图书馆，实行通借通还。①

7.2.5 图书馆工作人员

台湾《图书馆法》第十条规定：“公立图书馆之馆长、主任或管理员应由专业人员担任。公立图书馆进用第一项人员应依公务人员任用法规定任用，必要时，得依教育人员任用条例规定聘任。”所谓“第一项人员”是指公立图书馆的馆长。据此法源，《公共图书馆设立及营运基准》② 第十条将图书馆工作人员分为三类，即专业人员、行政人员和技术人员。专业人员是：“具有下列条件之一，并担任《图书馆法》第九条所列业务者属之：①‘国家公务人员’高等考试暨普通考试图书资讯管理类科及格；或相当高等考试暨普通考试之图书资讯管理类科特考及格，并取得任用资格者。②国内外大学校院图书资讯学系本科系、所或相关学系、所毕业者。③国内外大学毕业，并曾修习经图书馆各级主管机关核准或委托之图书馆、大学校院、图书馆专业团体

---

① 曹桂平．台湾乡镇图书馆建设的经验和启示．图书馆杂志，2011（11）：50～53，45.

② 公共图书馆设立及营运基准．http：//www. ntl. edu. tw/public/Data/9101613473771. pdf.

办理之图书资讯学科目课程 20 学分或 320 小时以上者。④国内外大学毕业，并有图书馆专门学科论著经公开出版者，或三年以上图书馆专业工作经验者”。行政人员是“具公务人员任用资格并担任图书馆一般行政业务者或协助专业人员处理业务者属之”。技术人员是“具图书馆电脑、资讯、视听、装裱、工程、空调及机具操作维修等专长，依技术人员任用条例任用并担任图书馆技术工作者属之”。

台湾地区公共图书馆馆员的遴用，主要有考试任用制、约聘雇制度。① 考试任用制是台湾地区公共图书馆正式编制馆员甄选和进用的主要渠道。台湾公共图书馆自创立以来一直被视为教育机构，因而图书馆人员也就具有教育人员身份。1953 年台湾颁布的《社会教育法》在人员任用方面，首次以法律形式明定“社会教育人员之任用，依教育人员任用条例之规定”，为图书馆人员任用立下了法令之基石。自 1959 年起设置图书馆人员之高普考制度，规定凡是政府机关及公共图书馆在甄选人员时必须要求其通过高等或普通考试，并将其作为聘用必备的条件之一。考试及格者拥有公务人员任职资格，可进入到公共图书馆就职，拥有正式编制，享受公务人员身份待遇。约聘雇制度是伴随台湾公共图书馆发展而形成的一种独特的人员甄选和进用制度。约聘雇馆员不需通过公务人员考试程序，不属于公务人员，没有正式编制，采用的是契约制的雇用制度。一般由用人单位自行遴选产生。“约聘雇人员不适用俸给、考绩、退休、抚恤及公务人员保险等法规之规定”，“约雇人员不得担任或兼任主管职位”。

台湾基层图书馆普遍缺乏专业人才，全台乡镇图书馆共有工作人员 7 732 人，其中专业人员仅有 80 人。台湾地区的大专院校、文化局、市（县）公共图书馆以及基金会等团体都肩负起培训基层图书馆人才的重任，形成了完善的人才培训体系。培训的方式有课程学习、讲座、考察等。培训内容主要分为专业基础培训、阅读推广培训及志愿者培训。②

人力不足也是困扰台湾地区图书馆界的一大难题，因而图书馆普遍采用招募志愿者的方法来予以解决。志愿者的参与为图书馆注入了活力，许多服务和活动也得以顺利开展。台湾每个乡镇图书馆一般只有 2 ~ 3 个正式编制的管理员，有的甚至没有正式编制人员，而是主要依靠志愿者。据统计，台湾地区乡镇图书馆的志愿者人数多达 5 000 多人。③

---

① 张维．台湾地区公共图书馆馆员甄选与任用制度研究．新世纪图书馆，2012（8）：69 ~ 71，20.

② 彭飞．台湾地区公共图书馆事业见闻与思考．图书馆，2012（1）：79 ~ 80.

③ 彭飞．台湾地区公共图书馆事业见闻与思考．图书馆，2012（1）：79 ~ 80.

可见，制定和颁布图书馆法是图书馆建设与可持续发展的保障；区域图书馆只有合理定位、分工合作，才能优势互补并承担起为区域各层次人员服务的重任；人员培训、招募志愿者是解决图书馆人员不足的有效途径之一。

7.3 海南高校图书馆（以1995—2005年建设期为例）

7.3.1 发展历程

1992年5月，在海南大学图书馆馆长徐国定等人的倡议下，经海南省教育厅高等教育处批准，海南省高等学校图书情报工作委员会（以下简称“省高校图工委”）成立。省高校图工委隶属于海南省高等教育学会，是一个学术性团体组织，受全国高等学校图书情报工作委员会指导，并受海南省教育厅委托对本省高校图书馆工作进行协调督促和业务指导。省高校图工委的成立，标志着海南高校图书馆结束了各自为政、自我发展的状态，走向了有组织的协同发展之路。当时，海南省仅有五所全日制普通高校，即海南大学、华南热带作物学院（后更名为华南热带农业大学，2007年并入海南大学）、海南师范学院（今海南师范大学）、海南医学院和琼州大学（现改名为琼州学院）。

1993年，海南省教育厅和省高校图工委依据《普通高等学校图书馆规程》要求，对全省高校图书馆的办馆条件与办馆水平进行了全面评估，结果显示：全省高校图书馆的发展不容乐观。各馆的办馆条件、基础工作、服务水平、专业队伍素质均处于较低水平。在馆舍方面，只有海南师范学院和华南热带作物学院的图书馆有独立馆舍；在服务方面，如履行教育职能一项中，海南省只有一校图书馆得63.7分，其余四校图书馆均不及格，最低分仅29.34分；情报职能一项中，有三校图书馆及格，一校图书馆不及格，一校图书馆优秀；在专业队伍建设方面，人员数量不足，结构不合理，素质偏低，队伍不够稳定；在文献资源建设方面，除海南师范学院图书馆和琼州大学图书馆的藏书相对丰富外，其余三校图书馆均没有达标；在现代技术服务水平方面，有四校图书馆不及格。[①] 经费奇缺，有的馆只达到该校教育事业费的1%。以下是1993年海南省全日制普通高校图书馆馆舍、人员、设备、经费情况（见表7－3）。[②]

---

① 王永喜．加强海南省高校图书馆建设之我见．大学图书馆学报，1995（3）：19～21.

② 徐国定．关于海南省高校图书馆状况及对策的思考．大学图书馆学报，1995（5）：1～2.

表 7－3　1993 年海南省普通高校图书馆情况一览表

项目		海南大学	华南热带作物学院	海南师范学院	海南医学院	琼州学院	总计
建馆时间		1983	1958	1949	1989	1981	
管理人员（名）		39	37	35	15	20	146
图情专业人员（名）		5	4	4	1	1	15
正副级教授（名）		2	2	1	1		6
讲师级人员（名）		16	5	7	4	1	33
馆舍面积（m^2）		3 500	5 000	4 680	1 205	3 600	17 985
生均馆舍面积（m^2）		1. 17	3. 12	2. 16	1	4. 5	2. 39
阅览座位（个）		500	388	440	94	160	1 582
现代化设备	电脑（台）	6	7		1	1	15
	复印机（台）	2	2	1	3	3	11
	视听（套）		29				29
	监测（套）	1	2				3
藏书（万册）		21. 3	19. 6	30	15. 2	15. 5	101. 6
期刊（种）		2 600	1 500	2 215	1 173	900	
购书费（含设备费，万元）		45	18. 5	20	17	16	116. 5
年进书量（万册）		3. 3	1. 6	1. 9	1. 5	1. 5	9. 8
生均书刊（册/人）		68. 9	120	215	150	194	149. 6

面对现状，海南高校图书馆该如何发展？这成了摆在省教育厅、省高校图工委、各高校图书馆面前亟待探讨解决的问题。省教育厅主管领导清醒地认识到，海南高校图书馆发展不能按部就班，要跳出常规，实现跨越式发展。在依靠专家反复论证的基础上，确定了将图书馆自动化、网络化建设作为图书馆各项建设的重点。1994 年，省教育厅成立了全省高校图书馆自动化、网络化建设领导小组，制订了海南省高校图书馆自动化、网络化共建规划，确立了图书馆自动化建设和网络化建设两步走的策略（即 1995—1997 年实现全省高校图书馆计算机集成系统管理，1998—2000 年完成网络化建设任务）与建设目标（即依托校园网，借助中国教育科研计算机网，建立全省高教文献信息资源保障系统）。同年 10 月，省教育厅组织全省高校图书馆馆长考察了广东省高校图书馆和公共图书馆，确定统一购置深圳图书馆的自动化集成管

理系统（ILAS），从而拉开了海南高校图书馆协同发展的序幕。由于全省高校图书馆遵循了“统一规划、统一平台，合理布局、协作共建，各尽其职、注重效益”的基本方针，全省高校图书馆完成了自动化（1995—1997 年）和网络化（1998—2001 年）建设任务。

自动化、网络化建设评估验收以后，在省教育厅、省高校图工委的组织和领导下，全省高校图书馆进入了数字化建设阶段。2002 至 2005 年，是数字化建设的第一阶段。这一阶段的总体目标是：通过科学、合理的规划与调控，形成结构科学、布局合理、能长期提供保障服务的 CALIS（China Academic Library & Information System 的缩写，即中国高等教育文献保障系统）海南数字化网络系统，最终实现馆藏资源数字化、本地资源网络化、外域资源虚拟化的目标。经过数字化建设，使全省本科高校图书馆数字化整体建设达到全国同等同类高校先进水平，全省其他高校图书馆自动化、网络化整体建设达到全国同等同类高校的同等水平。第一阶段开展了以下四个方面的工作[①]：①馆藏数据库建设。2002 年 3 月，各普通高校图书馆成为 CALIS 联合编目中心的 C 级馆，并正式开通联机编目。依据《CALIS 联合目录中文图书著录细则》，对馆藏书目数据进行检查、补充和修订，提高馆藏书目数据库的质量。同时，也加大了对各校的院（系）资料室书目数据库建设。②各馆数字图书馆建设。购买电子书和数据库；以省校级重点学科为对象进行资源整序和学科导航工作；增加对硬件和环境的投入。③组建了省高校文献信息中心。2002 年 4 月，根据省高校图书馆数字化建设的需要，省教育厅在海南大学组建了省高校文献信息中心，中心隶属省教育厅和海南大学图书馆双重领导。每年省财政拨款 50 万元，海南大学配套资金 15 万元。该中心的成立使海南省高校文献资源共建共享有了组织保障，对省内各高校的文献资源共建、共知、共享，促进联合采购、联合编目、馆际互借等方面起到了很大的促进作用。④海南地方文献特色资源数据库建设。2002 年省教育厅以科研立项（重点科研项目）形式，组织实施了由 5 所高校图书馆参加的“海南地方文献特色资源数据库”项目，它们是海南大学图书馆的《海南旅游文献信息数字资源库建设》、海南师范学院图书馆的《海南历史文献数字资源库建设》、华南热带农业大学图书馆的《海南热带农业文献数字资源库建设》、海南医学院图书馆的《海南热带医学文献数字资源库建设》和琼州学院图书馆的《海南少数民族文献数字资源库建设》。5 所高校图书馆统一使用北大方正 DESI 建库平台、统一建库标准，分工合作、资源共享，开始有组织、有目标地进行海

① 符华儿．坚持协作共建，注重整体发展——海南省高等学校图书馆网络化数字化建设．现代图书情报技术，2003（2）：75～76.

南地方文献搜集、整理、数字化工作。

2005 年 3 月，海南省高校文献信息中心获得 CALIS 管理中心批准，成立了 CALIS 省级文献信息服务中心——CALIS 海南省文献信息服务中心，并通过 CALIS 资源共享系统面向全省高校师生提供文献信息服务，从而弥补了海南高校图书馆外文文献极其匮乏、无力保障的局面，使海南高校图书馆文献资源保障体系建设日臻完善。

7.3.2 建设成效

（1）图书馆实现了从手工管理到计算机管理的飞跃。经过三年的自动化建设，各高校图书馆实现了计算机集成化管理。图书从采访、编目到典藏、流通，期刊从订购、记到到下架、装订，读者从检索馆藏文献到借还图书等管理与服务工作都实现了计算机管理，提高了图书馆的管理水平与服务效率，提高了文献的利用率。

（2）实现了文献资源从自我保障到联合保障。经过四年的网络化建设，实现了全省高校图书馆的互联互通、文献资源的共知、共建、共享。全省高校图书馆联合构建的省级高教文献信息资源保障系统，采取“书目数据库分布式、查询检索广播式”和“一卡通用”、“通借通还”的服务模式，开展网络环境下的信息互查互借、实物由馆员传递的文献资源共知共享服务，成为国内最早创建的省域高校图书馆网络环境下分布式的馆际互借服务模式，使海南省高教文献资源保障服务实现了由“一校一馆的自我保障”向“资源共享的联合保障”的转变。① 此外，通过 CALIS 海南省文献信息服务中心，有效解决了外文文献的保障问题。

（3）海南地方文献特色资源数据库项目建设，促进了各馆对海南地方文献的重视，各馆成立了各自的特藏库（室），加大了人员、经费、设备投入力度，对搜集、保护和传承海南地方文化做出了贡献。其影响在持续，后续成果显著。5 所高校图书馆都建立了集图片、多媒体、目录索引、全文等于一体的一系列数字资源库；到 2009 年，海南地方文献特色资源数据库第三期建设时，已有 8 所高校 12 个特色数据库建设项目获省教育厅立项资助，参加的高校有本科高校、专科院校和高职高专院校。② 此外，海南师范学院图书馆与海南省作家协会共建海南现代文学馆，收藏海南作家的作品和手稿，现收藏作品和手稿 1 700 多册；海南大学图书馆创办了海南历史与民族文化博物馆，收

---

① 黄玉华，王永喜，苏文，安邦建．海南高校图书馆网络环境下馆际互借服务模式的特点．大学图书馆学报，2005（5）：41～43.

② 李冕斌．海南省高校图书馆地方文献数据库建设实践．高校图书馆工作，2010（6）：61～63.

藏有海南地方文物 550 件。[①]

（4）扩大了与国内外图书馆界的交流，开阔了视野。1996 年 7 月，徐国定、韩丹棠（华南热带作物学院图书馆副馆长）参加了美国国会图书馆学会年会，并参观访问了联机计算机图书馆中心（Online Computer Library Center，简称 OCLC）和美国大学图书馆，这是海南省图书馆界首次参加美国国会图书馆学会年会；1996 年 9 月，徐国定、王永喜（海南医学院图书馆馆长）、韩丹棠参加了在北京召开的国际图书馆协会联合会（IFLA）第 62 届大会，这是海南省图书馆界第一次参加 IFLA 大会；1997 年 3 月，安邦建（海南大学图书馆馆长）应邀赴新加坡南洋理工大学图书馆进行了为期 10 天的参观考察。[②]

（5）图书馆整体水平实现了质的飞跃。以图书馆自动化、网络化、数字化建设为抓手，以点带面，促进了图书馆各项工作的全面发展。截至 2005 年 6 月，海南省本科高校馆馆舍总面积 69 625 平方米；工作人员 246 人，其中正高职称 5 人、副高职称 31 人、中级职称 80 人；馆藏文献总量达 455.4 万册，其中纸质图书 341.7 万册、电子图书 113.7 万册，生均图书 102.8 册、生均纸质图书 82.2 册[③]。海南大学图书馆引进了 ISO 9000 质量管理体系开展图书馆全面质量管理。海南医学院图书馆 1995 年成立了海南省医学信息研究所，实行馆、所合一体制，成为全省唯一的省、部两级医药卫生科技项目查新咨询单位。2005 年 10 月，省教育厅组织专家对 5 所本科院校图书馆进行第二次检查评估，评估结果为：在办馆条件方面，海南大学图书馆优秀，琼州大学、华南热带农业大学、海南师范学院图书馆良好；在办馆水平方面，海南医学院图书馆优秀，海南大学、华南热带农业大学、海南师范学院图书馆良好；在办馆效益方面，海南医院、华南热带农业大学、海南师范学院、海南大学图书馆优秀，琼州大学图书馆良好。

2006 年 1 月 7 日，在海南省高校图书馆 2005 年学术年会上，教育部高校图工委委员、海南大学图书馆顾问、原海南大学图书馆馆长安邦建代表海南高校图工委作了题为《十年磨砺　成果卓著（1995—2005 年）》的总结报告，全面回顾与总结了海南本科高校图书馆事业十年的发展，指出："自 1995 年以来我省高校图书馆历经自动化、网络化和数字化十年建设，取得了跨越式快速发展，全省高校图书馆的自动化、网络化和数字化建设整体上初步达到

---

① 李冕斌，欧阳美林．海南地方文献收集整理现状分析与对策．图书馆学研究，2013（10）：55.

② 转引自钟哲辉，安邦建．海南省高校图书馆事业概况．中国图书馆年鉴（1999）．北京：北京图书馆出版社，1999.154.

③ 安邦建．十年磨砺　成果卓著（1995—2005 年）——海南省本科院校图书馆整体评估总结．海南图讯，2006（1）：18～23.

了全国的先进水平，全省高校图书馆的资源建设和读者服务工作赶上并达到了同类高校的同等水平，全省高校文献资源的整体保障能力得到了根本性的加强”，“海南省高校图书馆自动化、网络化、数字化建设的成功经验得到了教育部高校图工委领导的高度赞誉，两次应邀我省代表在教育部高校图书情报工作指导委员会年会上介绍经验。特别是海南高校图书馆网络环境下的馆际互借模式在全国高校图书馆界引起强烈反响，2004 年 3 月，江苏省高校图工委读者工作委员会一行 10 人专程到海口考察我省网络环境下的馆际互借工作，他们评价说，海南模式是‘一个具有海南特色、方便实用、共享面广、共享程度高的新模式’”。①

（6）拓展了舞台，图书馆界有了海南的声音。海南高校图书馆不仅在国内具有一定影响力，在国际也有了一定的知名度。2002 年，海南大学图书馆安邦建副馆长增补为第一届教育部高等学校图书情报工作指导委员会委员。2004 年 9 月，海南大学图书馆正式加入国际图书馆协会联合会（IFLA）（简称“国际图联”）②。2004 年 10 月，中国图书馆学会高校图书馆分会成立，海南大学图书馆詹长智馆长和海南医学院图书馆于挽平馆长分别当选中国图书馆学会高校图书馆分会常务理事和理事。③ 2005 年，在国际图联新一届领导机构选举中，海南大学图书馆馆长詹长智博士在中国图书馆学会、西班牙图书馆学会及国际图联资深领导人的共同推荐下，经国际图联秘书长 Peter J. Lor 正式批准，被任命为国际图联大学图书馆与一般研究型图书馆专业组常务委员会委员，任期四年，并应邀参加 2005 年 8 月在挪威首都奥斯陆举行的国际图联第 71 届大会，这是海南图书馆界学者首次在国际图联任职。④ 2013 年 8 月，第四届教育部高等学校图书情报工作指导委员会成立，海南大学图书馆詹长智馆长当选为副主任委员，琼台师范高等专科学校图书馆赵会平研究馆员当选为高职高专院校分委员会委员。2013 年 6 月，第三届中国图书馆学会高等学校图书馆分会委员会成立，海南医学院图书馆于挽平馆长当选为常务委员、海南大学图书馆李春副馆长当选为委员。

（7）科研成果取得了历史性的突破。自 2002 年以来，全省高校图书馆出版了著作 8 部。海南大学图书馆李琳的《海南西汉珠崖郡罢郡历史研究》论文，获得了 2002 年海南省第四次社会科学优秀成果论文二等奖；海南医学院

① 安邦建．十年磨砺 成果卓著（1995—2005 年）——海南省本科院校图书馆整体评估总结．海南图讯，2006（1）：18～23.

② 海南省高校图书馆工作委员会 2005 年学术交流总结．海南图讯，2006（1）：32～37.

③ 詹长智．中国图书馆学会成立高校图书馆分会——海大图书馆和海医图书馆当选理事单位．海南图讯，2006（1）：8～9.

④ 詹长智．海南省高校图书馆工作委员会 2005 年工作报告．海南图讯，2006（1）：8～17.

图书馆黄玉华主持的“海南高校文献信息资源共享系统的开发应用研究”项目，获得了海南省 2003 年科技进步三等奖；海南大学图书馆黄晓英主持的“海南学术网络信息导航数据库系统建设”项目，获得了海南省 2004 年科学技术进步二等奖；海南医学院图书馆李丽舒主持的“海南省高校图书馆中文文献数据库的现状及改进措施”项目，获得了海南省 2004 年科技进步三等奖。

7.3.3 启示

第一，促进区域图书馆事业的发展，地方行政主管部门统一领导是成功的关键。纵观海南省高校图书馆十年的跨越式发展，行政主管部门——海南省教育厅统一而有力的领导起到了关键的作用。三年的自动化建设、四年的网络化建设和三年的数字化建设，不论是工作规划、部署，还是年度检查、阶段性建设验收，省教育厅都高度重视，统一领导，以红头文件下发到各高校，使各高校领导和图书馆能按要求开展工作、履行各自的职责，保证了海南高校图书馆事业的快速发展。

第二，以项目为抓手是保证经费落实的关键。不论是自动化、网络化建设还是数字化建设，省教育厅都是以项目形式来部署、推进。以项目争取经费，以项目带动工作、促发展。在自动化、网络化建设时期，省教育主管部门每年给各高校图书馆下拨 15 万元项目经费，并要求各高校按 1：1 的比例投入 15 万元配套经费；在数字化建设时，省教育厅以科研项目形式资助建设，从而保证了各项工作的顺利开展。

第三，指导与监督相结合，充分发挥专家的作用，是事业成功的保障。项目的规划、论证、启动、落实、指导与检查，省教育厅都充分依靠和发挥省高校图工委专家的作用。项目建设中遇到重大技术问题，省教育厅均以科研项目下达任务，组织专家开展情报调研、论证、攻关，如为解决馆际互借、资源共享模式问题，省教育厅就组织专家赴新加坡、深圳等地考察、调研攻关。项目经费和设备的落实情况以及工作建设进度如何，省教育厅每年都会组织专家对各校进行年度检查，及时纠正工作过程中某些不协作、不协调的行为，如经费不配套，则减拨或取消下年度拨款。自动化、网络化、数字化建设完成时，省教育厅组织专家进行评估验收，并将验收结果下文通报到各高校，同时召开了全省高校图书馆总结表彰大会。

第四，海南省高校图工委的担当意识、图书馆人的责任意识成就了事业。1992 年，在海南大学图书馆的倡议下，海南省高校图工委成立。随后，历届图工委都以主人翁的精神、社会的责任感、时代的紧迫感，以教育部印发的《普通高等学校图书馆规程》、《普通高等学校基本办学条件指标》等为依据，紧紧把握图书馆发展趋势，结合现代信息技术、网络技术态势，高标准、严要求地规划高校图书馆各时期的工作，带领全省高校图书馆同仁开拓创新，才成就了海南高校图书馆事业。

海南是省域经济特区，具有先行先试优势，海南高校图书馆的发展证明，海南图书馆事业只要结合实际，找准突破点，勇于创新，就能创造海南奇迹。

8 海南省公共图书馆发展战略

北京、上海、深圳、杭州、佛山等地开展的公共图书馆服务体系构建实践，为海南省公共图书馆的发展提供了借鉴；《用地指标》、《建设标准》的出台，为海南省公共图书馆的设置与布局提供了依据；国内外公共图书馆的发展，国家出台的公共图书馆方针政策、规划，为海南省公共图书馆指明了方向；海南省高校图书馆的创新发展，为海南省公共图书馆创新、实现跨越式发展提供了信念。海南公共图书馆应抓住海南信息智能岛、文化岛、基本公共服务均等化先行区建设的战略机遇期，大胆探索、实践，开创海南省公共图书馆的新局面。

8.1 以《用地指标》、《建设标准》和总分馆制构建图书馆服务体系，实现普遍均等服务

8.1.1 统一思想，坚定信念

《用地指标》、《建设标准》是区域图书馆规划与建设的指导性文件，也是政府规范性文件，虽不是强制执行的技术或质量标准，却是公共图书馆设置与布局的依据。其指导思想是按人口规划与布局图书馆，以实现公共图书馆服务全覆盖与均等化。总分馆建设是《国家“十一五”时期文化发展规划纲要》中明确要求的未来中国图书馆事业发展的一个基本方向，《全国公共图书馆事业发展“十二五”规划》也明确指出要进一步通过总分馆制延伸图书馆服务。国内外的经验已经证明，以统一管理、统一采购、统一编目、统一配送、统一服务为主要特征的总分馆制，是公共图书馆实现服务均等化的有效途径。它不仅有利于实现资源共享，实现以最小的投入获得最大的效益，而且也方便市民合理利用图书馆。二者结合，就能实现公共图书馆服务全覆盖与均等化。这是一条全新之路，是海南省公共图书馆实现跨越式发展之路，也是海南省为全国公共图书馆事业发展先行探索、示范的难得机遇。当然，其中也不可避免地充满了挑战。

《用地指标》、《建设标准》的编制在国内没有先例可援、在国外没有成熟的经验可以借鉴，目前其设定的指标，需要以公共图书馆建设的实践来检

验其适用性和功能作用，从而为标准的修订完善积累事实和经验。[①] 总之，以服务人口规划与布局图书馆，国内目前没有先例。至于总分馆制，近年来，杭州、苏州、深圳等先行区在探索普遍均等的公共图书馆服务体系时，认为区域内图书馆要形成联系紧密的总分馆体系需要突破我国当前公共图书馆的多元建设主体和多层管理体制，突破“一级政府建设并管理一个图书馆”的格局，需要体制创新。

谁是“第一个吃螃蟹者”，海南省可先行先试。2012 年，海南省第六次党代会提出，要“加快构建覆盖城乡、公平合理、普惠标准不断提高的基本公共服务体系，推动公共资源重点向基层延伸、向农村覆盖、向弱势群体倾斜，努力把海南建设成为我国基本公共服务均等化先行区”。

什么是基本公共服务？从以人为本的原则、宪法规定的基本权利和社会发展进步的实际内涵来看，基本公共服务就是覆盖公民基本权利、确保满足公民对公共资源的最低需求的服务，包括义务教育、公共医疗、公共文化、社保、就业、安居、环保、治安、基础设施等许多方面。但总体来说，基本公共服务的实际范围取决于政府提供公共产品和公共服务的实际能力，主要是财政能力。就目前的实际情况看，现阶段我国政府在这方面的能力仍然非常有限，因此，政府实际所能承担的公共服务范围必定还是比较有限的，主要应定位在民生幸福和区域平衡上，而且应侧重于城乡大体趋向一致的基础教育、基本医疗卫生、社会保障、就业和创业、公共文化等若干领域。这些领域就是目前政府可以、也应该完全承担和优先保障的公益事业，即基本公共服务范畴的公益事业。[②]

公共图书馆是公共文化的重要组成部分，它在保障人们的基本文化权益、实现信息公平分配方面具有不可替代的作用。在建设覆盖全社会的公共文化服务体系的战略目标中，全覆盖的公共图书馆服务体系自然成为不可缺少的要素，没有公共图书馆参与的公共文化全覆盖是不可想象的[③]。海南省要创建基本公共服务均等化先行区，自然也包括公共图书馆建设与发展。近些年来，海南省始终关注民生，坚持“小财政办大民生”，提出要把海南打造为海南人民的幸福家园。只要不把“关注民生”简单地看成是关注民之“活着”，而是追求让人民享受有品质的精神文化生活，让人民生活得“更加幸福，更有

① 李国新，冯守仁，鹿勤．公共图书馆规划与建设标准解析（前言）．北京：国家图书馆出版社，2009. 3.

② 邱霈恩．调整与完善基本公共服务范畴内公益事业发展的财政机制．行政管理改革，2010 (3)：45 ~49.

③ 于良芝等．公共图书馆建设主体研究——全覆盖目标下的选择．北京：国家图书馆出版社，2011. 3.

尊严”，政府就有责任为老百姓提供均等化的公共文化产品，其中必然包括提供实用、高效、便捷的公共图书馆服务①。

其次，海南岛仅有2个地级市、16个县级（市）县，行政建制少。地级市只设区，行政建制单一。海南实行省直管市县的管理体制。国际旅游岛上升为国家发展战略后，海南进一步加大改革力度，努力破除不利于发展方式转变的体制机制障碍，这为海南省公共图书馆的改革创新提供了便利。

最后，从经济地理形态而言，海南陆地面积小，海南岛总面积3.54万平方公里，在这样广阔的地域上，各种地理状况立体分布、各种经济层次共同存在，既有较发达的中小城市，又有贫困的少数民族山区，是全国经济形态的缩影。地理和经济的这种态势，为摸索在全国有推广意义的经验，提供了一个极好的试验场所。此外，海南省正在打造“文化岛”，这都为公共图书馆的改革创新提供了一个极好的发展平台。

8.1.2 科学规划，分步实施

海南省公共图书馆事业的发展要有全省一盘棋的视野，统一规划、分步实施。首先要设计好图书馆上下结构、明确定位。“当代全球图书馆事业面临的三大难题”之一是图书馆定位，因为定位影响着图书馆的生存与发展、管理与服务②。海南省公共图书馆有顶层、中层和底层。顶层是省级图书馆，中层是市县级图书馆，底层是市县级以下的图书馆。因此要规划出各层次图书馆的发展定位、功能，尤其是要处理好同处于省会城市的省图书馆与海口图书馆建设与发展的问题，处理好海口市、三亚市、琼海市和儋州市四个中心城市图书馆与其所处的都市生活圈中的其他市（县）图书馆发展的问题。定位清晰才能各得其所、各善其事、节约成本，功能分明才能特色显露、和而不同。

其次，是图书馆的设置与布局。《海南省城乡经济社会发展一体化总体规划（2010—2030）》提出图书馆的建设目标是到2020年“每十万人图书馆数量（座）”达到2座，到2030年“每十万人图书馆数量（座）”达到3座。海南省要打造以海口、三亚、琼海、儋州为核心的4大都市生活圈，以18个市县驻地及乐东莺歌镇、文昌锦山镇和儋州白马井镇为中心的21个基本生活圈。因此，各市（县）图书馆要积极争取地方政府的支持，研究规划设置与布局区域图书馆问题，以规划的目标、服务人口、《用地指标》和《建设标准》来统筹规划各市（县）大、中、小型图书馆的布局、规模和数量。只有

① 李国新．公共图书馆是图书馆事业的旗帜．公共图书馆，2010（1）：2.

② 王世伟．当代全球图书馆事业面临的难题与挑战．中国图书馆学报，2008（1）：13～15，32.

合理布局才有整体效应，才能相互补充，服务才有效，才能彰显图书馆的存在价值，并受读者欢迎，否则就会出现顾此失彼、均衡不周的现象。

最后，分步实施，处理好协调发展与率先发展的关系。目前按服务人口设置与布局图书馆、实行总分馆制管理，因国内没有先例，所以需要探索、积累经验。因此，分步实施是必然的选择。海南省第六次党代会报告提出要“把做强做优中心城市放在更加突出的位置，全面加快以海口为中心的省会经济圈建设，支持把三亚建设成为亚洲一流的国际性热带滨海旅游城市，推动儋州—洋浦、琼海—博鳌融合发展，提高辐射带动能力”。海南省公共图书馆的发展应优先选择海口市、三亚市、儋州市和琼海市进行区域公共图书馆服务体系建设试点，按服务人口规划与布局图书馆、实行总分馆制管理，然后以点带面，带动其他市县图书馆协同发展。力争到2020年，在海南国际旅游岛初步建成世界一流的海岛休闲度假旅游胜地之时，为人们提供结构合理、服务均等、方便快捷、高效的公共图书馆服务体系。

8.1.3 明确职责，确保落实

公共图书馆建设主体是政府，这是不容置疑的。但海南是经济欠发达地区，截至2011年，尚有国定重点贫困市县5个、省定重点贫困市县6个。全省有一半的市县图书馆没有独立馆舍，县级馆购书经费大多在10万元以下。要建立覆盖城乡、服务均等的公共图书馆服务体系，就要突破“一级政府建设并管理一个图书馆”的格局，明确建设主体，以保障事业发展。根据海南经济社会发展情况，省文体厅、省政府要明确规定公共图书馆的建设主体，即规定地级市公共图书馆的建设主体是市、区两级政府共同承担，县级市（县）公共图书馆的建设主体是省、市（县）两级政府共同承担。此外，要出台鼓励企业、社会人士捐资助馆建设的政策。

省图书馆协会和省图书馆要加强与省文体厅的沟通与协调，争取省文体厅支持，将海口、三亚、儋州和琼海4个市的公共图书馆服务体系试点工作纳入省文体厅的工作计划，以“文化工程”项目形式争取省、市政府财政支持，以推动试点市工作开展；研究制定本省公共图书馆的发展规划和图书馆建设标准。试点市图书馆也要积极主动、自我加压，创造性地开展工作。各试点市要加强与市文体局沟通，争取将本市公共图书馆服务体系建设纳入本市经济社会发展规划，纳入市政府为民办实事计划。

8.1.4 自加压力，勇于担当

目前，我国很少有地区已经建成了覆盖全地区的公共图书馆服务体系。在这样的背景下，主导一个地区公共图书馆服务体系建设的，可能是政府（政府主导或自上而下驱动），也可能是图书馆自加压力（图书馆职业主导或自下而上驱动）。对图书馆界来说，政府主导很少是天上掉下的馅饼。在政府行为背后，图书馆界通常需要做大量游说和解释工作。例如广东省的流动图书馆的启动，就归功于包括李昭醇馆长在内的17位政协委员的提案。图书馆自加压力的建设，在发展过程中往往会得到政府的支持，特别是在图书馆进行示范并取得显著效果时，政府往往会在权衡投入回报的基础上给予支持。例如在上海市，虽然政府并没有以红头文件的形式主导服务体系建设，但给予了上海中心图书馆近千万元的启动资金；在杭州市，通过图书馆服务体系构建示范，杭州市政府增加了杭州市图书馆的购书经费，并规定各区（县）图书馆的购书经费每年递增10%；在苏州市，市政府已经把分馆建设列入了市政府的实事项目，并增加了苏州图书馆的购书经费。[①] 在海南三亚市，2010年，为了争取“三亚市24小时自助图书馆”项目建设，时任三亚市图书馆馆长杨威胜多次找市分管领导和市主要领导，并提交了可行性报告、建设方案和选址意见书，反复争取，才最终获批建设两个试点。2011年1月24日，在两个24小时自助图书馆试点开通启用取得成功后，图书馆又不失时机地通过各种宣传报道，吸引市民来体验，才有了进一步推广、令人满意的结果。可见，图书馆的自压、自觉行动，公共图书馆理念、精神与价值的彰显，对推动当地公共图书馆发展，推动当地政府对图书馆事业的重视和支持具有重要的作用。因此，海南省公共图书馆要自我加压、自觉行动，谨记朱寒松同志在海南省图书馆协会成立大会上所说的“图书馆要立足海南实际，着眼长远发展，强化责任，加大力度，努力打造具有海南特色的图书馆发展新方法、新路子、新模式，为全省经济社会建设服务”，开拓创新，研究、探索适合本地公共图书馆服务体系的建设模式，以有为达到有位，获取政府和社会更多支持。

1. *海南省图书馆建设*

在构建海南省公共图书馆服务体系的建设中，省图书馆无疑成为领导者、推动者。文化部1982年颁发了《省（自治区、市）图书馆工作条例》，其中明确指出省级公共图书馆担负的主要任务之一是“为本地区的经济建设和科学研究提供书刊资料；开展图书馆学理论和技术方法的研究，对市（地）、县（区）图书馆进行业务辅导”。[②] 省图书馆要站在全省一盘棋角度来思考省馆建设。根据当前市县图书馆的现状，要满足人民群众日益增长的文化需求，省馆应重点开展以下五个方面的工作：

---

① 邱冠华，于良芝，许晓霞．覆盖全社会的公共图书馆服务体系：模式、技术支撑与方案．北京：北京图书馆出版社，2008.194～195.

② 吴慰慈，董焱．图书馆学概论．北京：国家图书馆出版社，2008.107～108.

（1）数字图书馆建设。一是尽快筹建“中国国家数字图书馆海南省分馆”。2008年9月9日中国国家数字图书馆服务开通后，国家图书馆决定从2008年开始在全国推广“中国国家数字图书馆地方分馆”建设项目，现在已有一些省市与国家图书馆签约共建地方分馆。如东莞市人民政府已和国家图书馆达成合作协议，共同建设“中国国家数字图书馆东莞分馆”，根据双方共建协议，国家图书馆将向东莞分馆和当地民众提供中国国家数字图书馆的数字资源镜像服务、学术讲座定向直播、展览资源推送、分馆自建数字资源的长期保存服务、网络信息采集和典藏服务、分馆馆员培训和研修服务、数字资源的远程访问服务和合作课题研究服务。[①] 广西壮族自治区图书馆和国家图书馆在南宁举行了签约揭牌仪式，合作建设“中国国家数字图书馆广西分馆”。[②] 馆藏文献资源建设是一个长期积累的过程，在各市县文献购置经费不足、馆藏文献不足的情况下，建设国家数字图书馆分馆，充分利用国家数字图书馆丰富的数字资源，可有效、快捷地缓解当前的供需矛盾。二是加强数字资源建设，建立数字文献中心。目前，通过“文化共享工程”、“数字图书馆推广工程”，海南省已在各市县图书馆、乡镇文化站建起了电子阅览室，完成了接入“数字图书馆推广工程”虚拟专网建设，省内读者均可在电子阅览室访问省馆和“数字图书馆推广工程”提供的共享资源。省馆要加大数字资源建设投入力度，以最快、最便捷的方式，服务全省人民。此外，建立数字文献中心可有效解决各市县数据存储设备性能偏低、容量小，低效能重复建设，又无力管理、扩容等问题。

（2）要统一全省图书馆自动化管理系统，建立全省中央书目数据库、读者数据库，为全省图书馆实现资源共建共享奠定基础。截至2013年底，全省除海口、乐东、五指山、定安4个市县馆使用ILAS Ⅱ外，其余馆都是使用INTERLIB图书馆管理系统，而使用ILAS Ⅱ系统的馆也面临升级换代问题，省馆应力促使用ILAS Ⅱ的4个馆统一更换为INTERLIB，以利于今后联机检索、合作编目、馆际互借等服务工作，为全省公共图书馆协同发展创造条件。

（3）加强人才引进，尤其是引进一些在国内图书馆界具有一定知名度的学术带头人，或临时聘请国内已退休的知名专家学者，推动图书馆事业的研究与发展。

（4）组织力量研究全省公共图书馆服务体系建设、各市县图书馆发展规

① 中国国家数字图书馆东莞分馆签约仪式在东莞图书馆举行．http：//www.nlc.gov.cn/newsyzt/gtxw/200809/t20080927_ 7155.htm.

② 中国国家数字图书馆广西分馆签约暨西部援助赠书仪式举行．http：//www.nlc.gov.cn/dsb_zx/gtxw/201201/t20120116_ 58160.htm.

划、全省文献资源保障体系建设等问题。

（5）在海口市四个区选择适当的地点建设24小时自助图书馆，同时辅以流动图书车，开展流动图书馆服务。方便市民利用省馆丰富的文献资源，实现省馆服务向基层延伸，惠及民众。

2. 四个试点城市的公共图书馆服务体系建设

城市公共图书馆是城市文化的重要组成部分，它与城市的形象、城市的人口素质、市民的文化生活质量有着密不可分的关系，是城市文化的主角、现代文明城市的标志。城市公共图书馆能促进城市竞争力的提高，促进社会的和谐和公民权利的实现，能够激发创造精神，是推动全民阅读活动的重要场所。20世纪末以来，在全球一些特大型城市以及中国的大中城市中，图书馆新建筑一个个拔地而起，给城市文化和社会发展注入了活力。① 因此，加强城市公共图书馆服务体系建设具有重要的作用与深远的意义。

（1）海口图书馆。海口市正在全力打造“宜居、宜业、宜学、宜游”和“最精最美”省会城市，图书馆要抓住这一有利契机，推动图书馆事业的发展。目前，海口图书馆馆舍陈旧、狭小，仍为传统型图书馆格局。馆舍面积虽位居全省公共图书馆第五位，但馆藏空间严重不足，经费投入不足，文献资源匮乏。琼山区图书馆也是如此，且市区馆各自管理、互不协作交流。作为省会城市的图书馆，以及展示城市文化形象和文化品位的重要窗口，海口图书馆已远远不能满足海口市民日益增长的文化需求，不能满足省会城市文化的发展需要。加强海口市图书馆建设，重建海口图书馆已成为海口市公共文化建设不可忽视的问题。

国家发展改革委员会、文化部和国家文物局共同研究编制印发的《全国地市级公共文化设施建设规划》，明确指出要加强地级市公共图书馆建设，在图书馆建设标准上，地市级公共图书馆主要参照《公共图书馆建设标准》，根据服务人口数量确定基本建设规模。② 《全国公共图书馆事业发展“十二五”规划》也明确指出，“十二五”时期的重点任务之一是推动地市级公共图书馆的设施建设。海口图书馆要抓住这一难得机遇，推进新馆建设。根据公共文化均等化、便捷化服务要求，新海口图书馆应成为城市的标志性建筑物，它和省图书馆一起构成海口城市文化的两个中心。当前，海口图书馆应加强与市行政主管部门的沟通与协调，重点开展以下三方面工作：一是推进新馆建设；二是根据服务人口规划海口公共图书馆服务体系构建；三是将全国文化

① 柬漫．公共图书馆服务研究．北京：国家图书馆出版社，2009. 21～30.

② 《全国地市级公共文化设施建设规划》正式印发．http：//www. gov. cn/gzdt/2012－02/07/content_ 2060392. htm.

资源共享工程海口三个支中心即龙华区支中心、美兰区支中心和秀英区支中心的功能扩大，使之成为海口图书馆的三个固定服务点，探索以海口图书馆为总馆、琼山区图书馆为分馆、三个固定服务点的图书馆服务体系建设工作。

2012 年 5 月，海口市已制定了区级文化馆建设方案。方案明确提出，根据市政府统一规划，2012 年要完成海口市 4 个区级文化馆的立项、审批和报建。2013 年 1 月至 2014 年 3 月前，各区新建文化馆舍全面开工建设，并将于 2014 年 12 月全部竣工。琼山区新的文化馆选址在琼山华侨中学操场后面（原琼山区业余体校），占地面积 4 500 平方米，计划建设馆舍 4 000 平方米，项目资金预计投资 1 368 万元；美兰区文化馆选址在青年路北侧，与区民政、卫生等综合业务用房一并建设，其中规划文化馆面积为 6 000 平方米，区图书馆面积为4 000平方米，计划投资 2 400 万元；秀英区文化馆选址在海秀镇政府的南侧，面积设计为 5 000 平方米，计划投资 2 000 万元；龙华区文化馆选址在学院路与椰海大道交汇处，用地面积 2 000 平方米，按照服务人口的原则，计划建设6 000平方米，投资 2 000 多万元。[①] 海口图书馆要及时与市政府、秀英区政府和龙华区政府沟通与协调，力争在秀英区文化馆、龙华区文化馆中规划出一定面积，作为秀英区图书馆、龙华区图书馆的临时用房，以方便两区民众对文献信息的需求。在三个区图书馆投入使用时，将三个区文化共享工程支中心迁入其中，实现资源整合。要先行开展以海口图书馆为总馆、四个区图书馆为分馆的市公共图书馆服务体系构建工作研究，待区馆投入使用时，即可付诸实践探索。同时，探索以服务人口规划设置布局图书馆，研究总分馆管理问题。力争到 2020 年达到《海南省城乡经济社会发展一体化总体规划（2010—2030）》中提出的 2020 年“每十万人图书馆数量（座）”达到 2 座。

（2）三亚市图书馆。近年来，三亚市图书馆取得了快速发展，走在全省市县图书馆前列，有市图书馆和 20 台分布在市区的 24 小时自助图书馆。2014 年 2 月 11 日，国务院批准三亚撤六乡镇设四区。撤镇设区后，三亚将对三亚城乡一体化、公共设施配置、公共服务延伸、农村改造、新农村建设等方面进行规划。三亚市图书馆要抓住市区域规划调整机遇，积极参与到区域规划建设之中，以《全国地市级公共文化设施建设规划》对图书馆的建设标准要求——“地市级公共图书馆主要参照《公共图书馆建设标准》，根据服务人口数量确定基本建设规模”；以《海南省城乡经济社会发展一体化总体规划（2010—2030）》对图书馆建设要求——“2020 年‘每十万人图书馆数量

① 海口 4 个区文化馆选址确定 今年底开建明年使用．http：//tour. hinews. cn/2013/0907/137051. html.

(座)’达到2座”，谋划全市公共图书馆建设，构建以市图书馆为总馆、若干个馆为分馆，并辅以24小时自助图书馆、流动图书馆的服务体系，推进三亚公共图书馆覆盖城乡、普遍均等的服务，在全省市县公共图书馆服务体系建设中起示范带头作用。

实体图书馆是一个重要的文化场所，承载着多重文化教育和休闲娱乐功能，具有浓厚的文化氛围，是民众的第三空间，对推动全民阅读、构建和谐社会具有重要的作用。24小时自助图书馆只能作为实体图书馆的有效补充。图书馆要处理好两者的关系，同时要尽快建立起流动图书车，开展流动图书馆服务，实现服务向基层延伸，惠及更大范围的民众。此外，三亚市作为著名的热带滨海旅游度假城市，要精心打造一个主题分馆——旅游分馆，为中外游客提供旅游信息与旅游文化服务，同时也为公共图书馆主题分馆建设先行探索。

（3）儋州市图书馆。儋州市是海南省面积最大的市（县），人口数量仅次于海口市，位居第二，同时也是海南西部地区的经济、交通、通信和文化中心，是海南发展现代大工业的走廊中心区，正在进行“一市双城”（儋州市、那大城区和滨海新区）建设。儋州市图书馆服务体系试点工作应先在滨海新区、洋浦经济开发区建立分馆，探索与开发区、企业共建图书馆之路，然后，逐步扩展覆盖全市。

（4）琼海市图书馆。琼海市是博鳌亚洲论坛的举办地。2012年12月，琼海市委市政府提出“打造田园城市、构建幸福琼海”的发展思路，把城市的公共服务引入农村，实现城乡一体化发展。正在按“一镇一特色、一镇一风情、一镇一产业”的理念推进新型城镇化建设、城镇人文内涵建设。目前，风情小镇的建设已经取得明显社会效益和经济效益。图书馆要积极参与城镇风情小镇的建设，在博鳌天堂小镇、潭门南海风情小镇、中原南洋风情小镇先行探索分馆建设，为民众提供便捷的文化服务。同时，在综合考虑服务人口的基础上，合理布局，推行图书馆服务体系建设。分馆建设可探索利用社会、个人捐资资助的方式，以捐资者名字命名分馆，开展探索社会、个人捐资建馆之路。

试点市公共图书馆服务体系建设，在制定分馆的规划布局时，要以服务人口而不是以行政建制来规划，要综合考虑分馆面积与间距、读者的方便程度、管理的简便程度、建设和运行的经济性、分馆和流动图书馆的互补性来合理规划布点，探索利用乡镇文化站设施设立分馆或流动图书馆点的可行性。

3. 其余市县图书馆建设

（1）县级图书馆要给自己加压，努力提升服务能力、提高服务效益，以争取政府和社会的支持。在我国目前的公共图书馆体系中，县级图书馆处于承上启下的枢纽地位。没有资源丰富、运行高效、保障有力、服务到位的县级图书馆，国家文献信息资源保障体系和图书馆服务系统的链条就会出现中断，就形不成图书馆服务的辐射能力，形不成对全体社会成员公平获得文献信息资源的保障能力。当前，县级图书馆最需要解决的是服务能力问题，而服务能力是以图书资源为基础的，因此，解决服务能力问题的起点或突破口，是解决县级公共图书馆文献资源购置费的制度性、政策性保障问题。[①] 海南各市（县）级图书馆一方面要不断加强自身建设，提升图书馆服务能力，彰显其存在价值；另一方面要依据《公共图书馆服务规范》，积极寻求政府主管部门的支持，解决图书馆年文献资源购置费、人员编制问题。海南省图书馆协会和省图书馆也要积极协调，寻求省文体厅的支持，解决县级图书馆经费与人员编制问题。

（2）做强县级图书馆。公共图书馆事业发展的目标，是形成覆盖全社会的公共图书馆服务体系。或者说，图书馆是一个组织体系而不只是一座建筑。能否在县域范围形成图书馆服务体系，关键是看县级馆能否担当起县域服务体系中心馆的领导力、影响力和辐射力。没有一个强大的总馆/中心馆为核心，就不能有效地构建区域公共图书馆服务体系。[②] 因此，县级图书馆要加强管理，强化从业人员培训与服务工作，做大做强图书馆，为构建区域图书馆服务体系奠定基础。

总之，只要我们坚定信念、找准目标、锲而不舍，就一定能开创海南省公共图书馆的奇迹。

8.2 加强图书馆的内涵建设，提高图书馆管理与服务水平

2012 年 5 月 1 日，我国第一个规范公共文化事业的国家级服务标准《公共图书馆服务规范》（以下简称《服务规范》）开始实施。同年 11 月 16 日，文化部下发了《关于做好〈公共图书馆服务规范〉宣传贯彻工作的通知》（以下简称《通知》），指出《服务规范》是文化行政部门推进图书馆事业发展的指南，是公共图书馆实现服务立馆、促进科学发展的实践纲领，对于保障公共图书馆事业发展，推进公共文化服务标准化、规范化建设，进一步完善覆盖城乡的公共文化服务体系，具有重要的指导意义。《通知》要求，各级

---

① 李国新．我国公共图书馆事业进一步发展的突破口——县级图书馆的振兴与乡镇图书馆的模式．图书馆，2005（6）：3.

② 李国新．立足新变化　突破新问题　推动县级公共图书馆持续发展——第三届百县馆长论坛主旨发言．图书与情报，2010（4）：2～3.

文化行政部门要将《服务规范》作为推动公共图书馆事业的重要抓手，作为对公共图书馆评估和管理的重要依据，认真落实《服务规范》提出的各项要求，切实推动《服务规范》贯彻实施，以高度的责任感、使命感和紧迫感，抓住机遇，开拓创新，努力开创我国公共图书馆事业发展的新局面。要推动各级公共图书馆在2012年内全面启动服务标准化、规范化建设工作。积极开展《服务规范》示范馆创建工作，形成一批具有创新性、带动性、导向性的示范馆。文化行政部门要加强组织领导，加大经费投入力度，提高管理水平，切实解决制约公共图书馆实现服务标准化、规范化的困难和问题，将公共图书馆服务标准化实施情况纳入文化工作的年度考核指标，从根本上提高公共图书馆的服务效能和管理效益，改善服务条件。[①]《服务规范》内容广泛、明确具体、指导性强、操作性强。《服务规范》明确指出，每服务人口10 000～25 000人应配备1名工作人员，省、市、县级馆年人均新增藏量分别应达0.017、0.01、0.006册以上，省、市、县级馆年人均文献购置费应分别达到0.52、0.3、0.18元以上，等等。《服务规范》是当前海南省公共图书馆建设实践的指南。海南省图书馆协会要抓住这一有利契机，进一步加强全省公共图书馆服务规范化建设。

（1）组织全省公共图书馆认真学习、贯彻落实《服务规范》，开展全省公共图书馆服务规范化建设。各馆对照《服务规范》，认真查找、分析、梳理本馆存在的问题与不足。对于本馆能整改的问题，进行整改；对于本馆不能整改的问题，形成书面报告，上报市（县）文化主管部门和省图书馆协会。

（2）建议省文体厅组织专家，以《服务规范》为依据，对全省公共图书馆的馆舍、馆藏文献、服务、经费、人员等进行全面检查（评估），梳理剖析问题本质，提出改进意见。同时，召开由各市（县）文化主管领导、图书馆参加的检查（评估）总结表彰大会，表彰先进、树立典型，成立示范馆，带动各馆的建设与发展。要建立年度检查与定期评估工作机制，推动图书馆各项工作的可持续发展。

（3）加强与省文体厅的沟通协调，及时反映全省公共图书馆建设与发展过程中需要研究解决的全局性问题，各公共图书馆建设与发展过程中遇到的共性与个性问题，尤其是图书馆文献购置经费的制度化问题。认真落实《服务规范》中要求的年人均新增藏量和年人均文献购置费，强力推进图书馆的建设与发展。

（4）推进各馆人力资源建设。良好的人力资源不仅是公共图书馆正常工

---

① 文化部关于做好《公共图书馆服务规范》宣传贯彻工作的通知. http：//www. nlc. gov. cn/tbw/bzwyh_ yjzx04. htm.

作的基础之一，而且是图书馆提供服务的必要条件。在图书馆的各项资源之中，人力资源应是第一资源，馆员在其中占主导地位。《公共图书馆服务发展指南》认为："图书馆员工是公共图书馆运作至关重要的资源，……有必要培养一支受过良好训练的、有较高职业责任心的员工队伍来有效利用图书馆资源，……必须有足够数量的员工，以便更好地执行这些职责。"[①] 要加强与省、市县文化主管部门沟的通与协调，为各市县引进业务骨干、保证最低限度的人员配备创造条件。各市县还要积极组织志愿者参与图书馆的管理与服务工作。

8.3 加强图书馆协会建设，引领图书馆事业发展

8.3.1 图书馆协会

"行业协会"已经同"市场"、"企业"、"国家"、"非正式网络"并称为世界的五大治理机制。[②] 在我国现行的《国民经济行业分类与代码》（GB/T4754 -94）中，"图书馆"被认定为"教育、文化艺术及广播电影电视业"中的一个独立行业（代码为9040）。[③] 这说明，在我国，图书馆作为一个独立行业的地位已得到了权威性认定。这是在我国把图书馆作为一个行业来管理的合法前提之一。

从一般意义上说，行业管理是指政府部门和行业协会对某一行业进行互补性的双重管理的一种体制安排。这种双重管理并非"多头管理"，因为行业管理体制中的政府部门和行业协会之间是分工与合作的关系，而不是领导与被领导的关系。[④]

琼·赖茨（Joan M. Reitz）主编的《图书馆学情报学词典》（*Dictionary for Library and Information Science*）对图书馆协会所下的定义是"由一群定期开会讨论专业利益的图书馆馆员、图书馆馆长和其他与图书馆相关的人士所组成的具有会员资格的组织。图书馆协会选举产生工作人员和负责人，选举出委员会表达特定的立场，出版协会通讯和专业期刊，收取会费以支持组织的

---

① 菲利普·吉尔主持的工作小组代表公共图书馆专业委员会．公共图书馆服务发展指南．林祖藻译．上海：上海科学技术文献出版社，2002. 69.

② 翟鸿翔．行业协会发展理论与实践．北京：经济科学出版社，2003. 65.

③ 国家发展计划委员会等．国民经济行业分类与代码．http：//www. jincao. com/fa/09/law09. 27. c. htm.

④ 王明慧，蒋永福．关于在我国实施图书馆行业管理制度的理论思考．大学图书馆学报，2011（3）：30 ~33.

活动。”①

协会组织是近20年来引起人们广泛注意的一个制度领域。在制度化较强的场合，它甚至被称为“私益政府”。众所周知，由于受原来计划经济的影响，我国图书馆事业管理体制是由政府各部门管理，即各个图书馆受各自所在的文化、教育、科研等部门系统的垂直管理。可谓条块分隔、各自为政。随着市场经济的发展，政府的职能也随之变化，由原来的政府管理逐渐转移给各行业协会自行管理。图书馆实行行业管理也是其中发展的必然趋势。② 目前，我国还没有全国性的图书馆协会组织，地方性图书馆行业协会组织只有北京市、上海市和海南省三地建立③，其余各地都是设立图书馆学会。

学会是学术性的群众团体，不是行业管理组织，没有社会性的行业管理职能，其最重要的功能是图书馆学学术交流。协会是属于社会性的行业管理组织，具有行业管理职能。协会的宗旨是保护本行业的利益，促进本行业的发展。中国图书馆学会理事长、中国国家图书馆馆长詹福瑞在《中国图书馆学会第七届理事会高层访谈录》中谈到学会向协会过渡是一个发展趋势④。我国地方性图书馆协会是近年发展起来的，有的是从地方性图书馆学会改制为协会，如北京市图书馆协会；有的是独自成立图书馆协会，如上海市图书馆协会、海南省图书馆协会。

北京市图书馆协会于2003年9月8日正式成立。该协会是在原北京市图书馆学会的基础上，经北京市社会团体管理办公室批准而更名成立的。更名后的北京市图书馆协会广泛吸纳全市公共图书馆、高校图书馆、科研机构图书馆、医院系统图书馆、新闻出版系统图书馆、中小学图书馆、街道社区乡镇图书馆及相关单位组成北京市属图书馆行业性管理组织。协会的成立改变了北京市各系统图书馆的条块管理模式，有了自己的行业规范，有力地促进了全市各系统图书馆的服务及业务的发展。目前，北京市图书馆协会理事单位已达到73家，个人会员有580余人。⑤

上海市保持现有图书馆学会，另新建图书馆协会。2005年12月20日，上海市的51家图书馆机构发起并成立了图书馆行业协会。目前，该协会只接受单位会员。上海市图书馆行业协会由公共图书馆、高校图书馆、科研机构

---

① 顾烨青．图书馆学会与图书馆协会之辨及其思考——写在中国图书馆学会成立三十周年之际．图书馆，2009（6）：2.

② 宋飞，徐跃权．对我国图书馆行业协会建设的研究述评．图书馆学研究，2011（24）：2，3.

③ 王明慧，蒋永福．关于在我国实施图书馆行业管理制度的理论思考．大学图书馆学报，2011（3）：32.

④ 姜火明．中国图书馆学会第七届理事会高层访谈录．图书馆论坛，2005（6）：1.

⑤ 肖红凌．图书馆行业协会建设研究．图书馆学研究，2007（2）：4.

图书馆、企业图书馆等各类图书馆自愿组成，是非营利性的行业性社会团体法人。目前，上海市共有1 500多家大小图书馆机构。协会首批有51家会员单位。上海图书馆馆长吴建中说，上海市图书馆行业协会是我国图书馆界的一项新生事物，“图书馆虽然是公益性的信息服务机构，仍需要一个中介性行业组织，以提高全行业服务水准，并协助政府从事行业管理”。[①]

北京市、上海市和海南省三地建立的地方性图书馆行业协会组织，都是行业自发组织的产物而不是法律授权的产物，故“协会”作用不明显。[②] 但不论如何，北京市、上海市和海南省图书馆协会将地方各系统图书馆协调组织起来，开展合作、资源协作共建共享，克服各自为政的状况，协同发展，对区域图书馆建设与发展起了重要的作用。

8.3.2 图书馆协会的职能

美国是当今世界上图书馆事业最发达的国家之一，平均每2 500余人就有1家图书馆。无论从图书馆的使用人数还是使用便利性来讲，美国在全世界都处于领先地位。美国图书馆事业之所以有这样的成绩，原因之一是与美国社会的经济、教育、科技、文化等方面的发达有关，美国民众对图书馆的巨大需求是推动美国图书馆事业发展的动力，而美国图书馆协会（American Library Association，简称ALA）同样做出了卓越的贡献，发挥了其核心作用。[③]

ALA成立于1876年，其《1897年宪章》指出，“以ALA为名成立协会，其目的是为了通过交换意见、达成共识，促进图书馆事业各领域的合作，倡导大众树立建立图书馆、发展图书馆的意识，大力发展会员，通过美国图书馆协会理事会和执委会授权的各项活动，扩大全世界图书馆的利益”[④]。ALA的活动领域在不同时期有不同的侧重点，如《美国图书馆协会2015战略规划》[⑤]（*American Library Association 2015 Strategic Plan*，以下简称《ALA 2015战略规划》），其主要内容为：重申了ALA的创立宗旨是促进图书馆服务和图书馆事业的发展；ALA的使命是促进公众学习和保障公众的信息获取权利，领导图情服务和图书馆行业走向发展和进步；ALA的核心价值观是致力于拓

---

① 全国首家图书馆行业协会成立．新华书目报，2005-12-05.

② 王明慧，蒋永福．关于在我国实施图书馆行业管理制度的理论思考．大学图书馆学报，2011（3）：32.

③ 方小苏．美国图书馆事业的发展走向——以《美国图书馆协会2015战略规划》为视点．图书馆建设，2011（10）：28.

④ 王明慧，蒋永福．关于在我国实施图书馆行业管理制度的理论思考．大学图书馆学报，2011（3）：31.

⑤ 方小苏．美国图书馆事业的发展走向——以《美国图书馆协会2015战略规划》为视点．图书馆建设，2011（10）：29.

展图书馆在美国和全世界的服务，致力于改善图书馆服务，致力于会员服务，致力于一个开放的、包容的和合作的环境，致力于职业道德、敬业精神和诚信，致力于卓越和创新，致力于知识自由，致力于履行社会责任和保障公共利益。同时提出了 ALA 的 7 个主要活动领域，即促进馆藏和服务多样化，倡导公平获取信息和图书馆服务，推进图书馆从业者和公众的教育与终身学习，捍卫图书馆用户的知识自由权利，宣传图书馆及其行业以提高公众对图书馆和图书馆员重要价值的认识，支持图书馆提高儿童和成人的信息素养，使组织卓越以满足会员的需求；提出了 ALA 的 5 个目标领域，即加强行业宣传、争取资金和公共政策支持，加强行业建设、促进图书馆界的卓越和多样化，领导图书馆变革、适应全球数字化信息环境，为会员参与 ALA 的活动创造机会并促进其受益，增强应变能力。ALA 未来的愿景是建立一个物理的和虚拟的图书馆世界，成为人们终身探索和学习的中心，每个人都是图书馆用户。ALA 2015 战略规划明确了 2011— 2015 年 ALA 的任务、战略目标和主要活动领域，彰显了 ALA 的行业使命和社会责任。

我国图书馆协会的建设还处于探索、起步阶段。协会组织的职能至少可以包括以下几方面①：①推进图书馆立法，促进图书馆法治化管理；②制定行业标准和发展规划；③宣传图书馆的核心价值，提高全民的图书馆认同度，维护图书馆的行业权益；④推动全民阅读，维护公民的求知与阅读权益；⑤发展专业教育，培训从业人员，建立和实施图书馆员专业资格认证制度；⑥注重协调，整合各系统、各类图书馆的资源；⑦保证行业自律，维护图书馆的形象；⑧服务会员，维护会员的合法权益。

8.3.3 海南省图书馆协会工作

1. 准确定位，完善管理机制

当前，我国正在进行行政体制改革，转变政府职能，在体制转型过程中，协会组织的体制定位问题仍然在探索之中，其核心的问题就是作为法团（社团）的协会组织与政府的关系问题。② 由图书馆协会来独立自主地管理图书馆行业内的事务，是图书馆行业管理的基本特征。但是图书馆行业管理的主体决非只是图书馆协会，政府有关部门仍然必须保持图书馆行业管理的主体之一的地位；由图书馆协会来独立自主地管理图书馆行业内的事务决不意味着政府对图书馆事务“撒手不管”，政府部门和图书馆协会作为图书馆行业管理

① 王明慧，蒋永福. 关于在我国实施图书馆行业管理制度的理论思考. 大学图书馆学报，2011 (3)：32.

② 李峰，任一. 协会组织在公共治理体制中的定位思考. 天津行政学院学报，2009 (2)：24.

的“双主体”，两者之间必须形成互补性的分工与合作关系。① 因此，定位好自己的角色非常重要。

海南省图书馆协会的定位应是：省图书馆协会是海南省图书馆行业的引领者、行业利益的维护者和中介者。作为行业的引领者，协会要把握时代前沿，为海南省图书馆行业的发展描绘蓝图，引领图书馆事业向前发展；作为行业利益的维护者和代言人，协会要努力为图书馆行业的发展创造条件；作为中介者，协会要加强和其他机构的沟通与协调，协调好各方关系，为图书馆行业的发展创造最佳环境。

协会要努力探索建立符合协会职能定位的组织管理形式和工作方式，完善管理机制、工作机制、决策机制；要调选政策能力强、专业素质高、有热心、有激情、有闯劲、想干事、能干事、干成事的人担任会长、副会长、秘书长和各分支机构负责人；要建立健全各种组织机构和管理规章制度，完善协会章程，以提高组织的运转效率；要充分发挥各组织机构的作用，发挥馆员的智慧，为广大人民群众提供优质的文化服务。

协会是各图书馆在自愿的基础上组成的，是图书馆之家、馆员之家，应以图书馆的利益为根本出发点开展工作，想图书馆所想、急馆员所急，真正为图书馆办实事，协调化解图书馆存在的难题、“顽疾”，自觉维护图书馆权益、馆员权益，以赢得图书馆的认可，吸引更多的图书馆、馆员加入，不断提高协会的权威性与声望。同时，协会要转变观念，摆正位置，把协会工作的立足点转移到专心致志地为会员服务，在业务、管理、培训、科学普及、学术研究等方面主动为各级各类图书馆以及图书馆工作者提供全方位的服务，切实把学会办成图书馆人的大家庭；要建立协会网站，使之成为协会与会员联系、交流的平台，成为会员之间相互联系与交流的平台。

2. 推动图书馆立法，赋予协会职权

图书馆协会是图书馆行业的利益代表者，也是政府与图书馆行业之间的联系纽带，是一个中介性行业组织。它既要主动配合政府工作，积极争取政府的支持，又要引领行业开展各项工作，促进图书馆事业向前发展，其作用效果、号召力大小，还需看其授权委托职权。因此，我们要呼吁、推动海南图书馆立法，通过法律的程序赋予协会特定的权力来行使管理职能，以增强协会的管理力、号召力，使协会真正能在本行业内行使组织、管理与调控的职能，进行行业规范与标准的制定监督执行、从业人员的教育与培训、图书馆的检查与评估，开展行业自律、维护图书馆的权益，推动图书馆事业的可

① 王明慧，蒋永福. 关于在我国实施图书馆行业管理制度的理论思考. 大学图书馆学报，2011(3)：31.

持续发展。

3. 积极开展活动，扩大图书馆的影响与作用

组织活动是各国图书馆协会共同的特征。海南图书馆协会要积极组织图书馆开展各种活动，扩大图书馆的影响，吸引更多的人走进图书馆、利用图书馆，为此要做到以下几方面：

（1）要充分利用每年4月23日的“世界读书日”、5月的“图书馆服务宣传周”和12月的“全民读书月”，在全省统一组织开展丰富多彩的读书活动。大力宣传图书馆，让民众了解图书馆、认识图书馆、走进图书馆、利用图书馆；大力推广阅读活动，培养民众的阅读习惯，营造社会文化氛围，让阅读成为人们生活的一种方式。

（2）要充分利用每年大学生毕业、高中生毕业之际，走进校园，开展捐书、赠书活动，以支持贫困地区中学图书馆、乡镇文化站、村文化室的建设。

（3）要因地制宜地开展讲座、展览等文化活动，丰富民众文化生活。开展读者问卷调查活动，走近民众，了解读者的阅读倾向和需求，优化图书馆的馆藏和空间布局，适应图书馆的功能变化，将图书馆办成民众书房、市民文化休闲中心和公共文化第三空间。

（4）要充分利用现代信息技术成果，引进新技术、新设备开办阅读体验活动，如网络在线阅读、手机阅读、电子阅读器阅读、IPAD阅读等，多途径地引导和培养读者的阅读兴趣与习惯。

（5）加强与社会各界的联系，积极参与社会各项文化活动，宣传、推介图书馆，让更多的人了解图书馆，扩大图书馆的社会影响，提升图书馆的知名度。

4. 指导图书馆建设，推进图书馆事业发展

省文体厅朱寒松厅长在海南省图书馆协会成立大会上，对海南图书馆界提出了五点希望：①要强化学习意识，用自身的学习带动全省学习风气的形成。把学习当作一种精神享受、生活方式，当作第一位的需求、第一位的任务。②要强化大局意识，不断增强责任感和使命感，努力打造具有海南特色的图书馆发展新方法、新路子、新模式，为全省经济社会建设服务。③要强化服务意识，牢固树立为全省人民服务的理念。打牢服务的根基，不断加强自身素质的培养和训练，增强服务的本领，提高服务水平，拓展服务空间，延伸服务领域，在多元化、集成化、便捷化上下功夫，使图书馆的服务贴近百姓生活，符合群众意愿，满足社会各界需要。④要强化创新意识，力争在科研项目上出成果。海南省图书馆协会正式成立以后，每年要结合海南的实际，有针对性、有侧重地确定一至两个课题进行深入研究，要突出工作重点，

突出海南特色，抓出实效，并把科研成果合理地应用到实际工作中，为图书馆的事业发展服务。⑤要强化协作意识，形成全省图书馆行业一盘棋思想。全省的图书馆行业是一个大家庭，要建立良好的协作关系，形成良好的工作氛围，共同推进全省图书馆事业向前发展。各公共图书馆在学术上要向高校馆学习，高校馆在服务理念上也应借鉴公共馆。

因此，省图书馆协会要大力组织开展以下工作：①馆员的学习教育活动。进一步重温学习《公共图书馆宣言》、《中国图书馆员职业道德准则（试行)》、《图书馆服务宣言》等，鼓舞干劲、凝聚人心，增强责任感和使命感。②公共图书馆建设研究。学习和研究当前我国公共图书馆正在进行的覆盖城乡、普遍均等的图书馆服务体系建设，学习党和政府出台的公共文化服务体系建设方针政策、《全国公共图书馆事业发展“十二五”规划》、《用地指标》、《建设标准》，了解、领会、掌握当前公共图书馆的发展方向，研究探索海南公共图书馆建设模式，形成共识、开拓创新、共促发展。③开展学术研究。结合当前海南实际，组织开展图书馆建设、管理与服务研究，培养创新意识，促进各图书馆、区域图书馆的科学发展。④开展交流活动。加强省内各行业图书馆间的学习与交流、参观与研讨、借鉴与帮助活动，以增进了解、形成良好的工作氛围，共促全省图书馆协同发展。

8.4 推进全民阅读，促进学习型社会建设

1972 年，联合国教科文组织向全世界发出了“走向阅读社会”的号召，要求社会成员人人读书，让读书成为人们日常生活中不可或缺的部分。1995 年，联合国教科文组织把每年的 4 月 23 日定为“世界读书日”（全称为“世界图书与版权日”），并提出“让世界上每一个角落的每一个人都能读到书”，让读书成为每个人日常生活中不可或缺的一部分。目前，已有超过 100 个国家和地区参与了读书日活动，而组织群体性的阅读活动也已经成为世界各国文化生活的一个普遍现象。① 全民阅读是根据“世界读书日”演变而来的。

8.4.1 国外全民阅读概况

对于全民阅读与构建学习型社会，各国有不同做法。如“大阅读”活动②，它起源于英国，兴盛于美国，以多种方式发起阅读推广活动，并被众多国家的城市和地区所效仿，在短短十年时间内，就风行全世界。

2003 年英国广播公司（BBC）发起了一次在全英范围内的图书调查活动。

---

① 秋禾．知识惠东莞 莞城书香浓．图书馆杂志，2006（8）：91.

② 裴永刚．“大阅读”活动的发展历程及特点分析．大学图书馆学报，2013（2）：84 ~92.

组委会从英国公众那里收到超过75万张的投票，来选出有史以来英国公众最喜爱的小说。投票结果的认定采用三轮选择的方式进行。首先选取英国公众喜爱的小说，接着从这些小说中选取排名最靠前的200种小说，然后从这200种小说中进一步选取前21种小说。此外，BBC还专门成立了图书俱乐部，并联合英国图书信托基金会（Booktrust），开展了名为“大阅读中的小引导”（The Little Guide to Big Read）的阅读推广活动，以“和你的家庭、朋友和同事来一起讨论BBC的大阅读图书”为口号，并撰写了阅读行动指南，在全英国范围内掀起了持续不断的阅读浪潮。通过BBC和Booktrust的联合推广，“大阅读”活动每年以不同主题在英国的各个社区展开。英国的“大阅读”活动是以家庭、朋友、同事等小规模群体为基础的比较松散的形式开展的。

“大阅读”活动在英国的成功，使其模式受到广泛认可。世界各国和地区在认可英国“大阅读”活动的同时，结合自身情况，形成了各具特色的“大阅读”活动。其中，“大阅读”活动在美国的兴盛，标志着其达到了一个新高度，并成为真正有影响力的阅读推广活动。

美国“大阅读”活动的起因源于2004年美国国家人文艺术基金会（NEA）发起的一项全国范围内的调查活动，其调查报告名为“读危险：美国文学阅读的调查”。这项调查发现，美国各类人群的文学阅读水平均显著下降，并且呈继续加速下降的态势，这在年轻人中表现得尤为突出。为此，美国“大阅读”活动应运而生，NEA于2006年发起了“大阅读”活动，旨在复兴美国文化中文学的角色，让文学的力量进入民众生活，鼓励民众从中获得快乐和启迪，从而重建作为美国文化核心的阅读风气。作为NEA的一个项目，该项活动由美国中西部艺术基金会（Arts Midwest）管理，美国博物馆和图书馆服务协会（Institute of Museum and Library Services，简称IMLS）为该项活动提供了合作和慷慨的财政资助。从2007年“大阅读”活动在全美开展以来，包括2012—2013年度的拨款，NEA已经资助了1 000多项“大阅读”项目，提供的资助金额超过了1 400万美元。但资助不限于此，那些参与到“大阅读”项目的社区组织还从当地获得了超过2 700万美元的资助。

美国“大阅读”活动的形式比较系统和成规模，它在“一城一书”活动的基础上加以改进，形成了自己的特点。

“一城一书”（One City，One Book）活动是由美国西雅图的华盛顿图书中心主任南希·珀尔（Nancy Pearl）于1998年发起的，以“如果所有西雅图人读同一本书”为口号，由西雅图市民投票选出该年度票房电影原著《意外的春天》（*The Sweet Hereafter*）一书，动员西雅图各地的图书馆和读书会全力推荐这本书，引起全社会的广泛反响。接着美国各地纷纷效仿，从而形成了具有美国特色的阅读推广活动。“一城一书”一般是由美国各州自行发起的阅读活动。从2007年到2012年，全美累计共有1 018个地区参与了“大阅读”活动。该活动对重建阅读风气，促进阅读人口数量的回归发挥了重要作用，产生了深远影响。虽然从2009年以来，美国遭受经济危机的影响，导致一些州缩减了活动数量，但这并不能阻止“大阅读”理念的推广。

除了英国和美国发起了“大阅读”活动以外，德国于2004年发起了“大阅读”活动；匈牙利于2005年发起了“大阅读”活动；保加利亚于2008年10月发起了“大阅读”活动。“大阅读”活动由阅读推广组织、传媒组织、图书情报机构等共同主办，由各地区图书馆、读书会、公共社区服务组织具体开展，它通过大众阅读和个体阅读相结合的方式，形成了全民“共读一书”的氛围；通过共同的阅读主题，最大限度地激发公众的阅读热情，以公共事件来培养公众的阅读兴趣，使得本地区的人们在阅读交流的过程中，提高认同感，增强凝聚力。

8.4.2 国内全民阅读概况

1997年，中央宣传部、文化部、国家教委、国家科委、广播影视部、新闻出版署、全国总工会、共青团中央、全国妇联九个部委联合下发了《关于在全国组织实施“知识工程”的通知》（以下简称《通知》），提出了实施“倡导全民读书，建设阅读社会”的“知识工程”，《通知》指出：在全国范围内推广和组织实施“知识工程”，可以吸引越来越多的人热爱书籍，多读书、读好书，让全社会每一个人都能走进图书馆、利用图书馆，增强全社会的图书馆意识，充分发挥各级、各类型图书馆为经济建设和社会主义精神文明建设服务的社会作用，树立起崇尚知识、崇尚科学、崇尚文明的好风尚，提高整个民族的思想道德素质和科学文化素质，推动社会文明与进步。① 2000年，全国“知识工程”领导小组把每年的12月定为“全民读书月”，发出了《关于在全国开展“全民读书月”活动的通知》。根据文化部社会文化图书馆司的通知，从2003年起，全国“知识工程”领导小组将每年12月份举办的“全民读书月”活动交由中国图书馆学会组织实施。② 随后，全民阅读活动开始在全国各地兴起，全民阅读活动由最初的政府工程发展成为图书馆行业行为，现在已经成为全社会积极参与的系列活动。此外，从2003年开始，全国“知识工程”领导小组把每年5月的最后一周定为“图书馆服务宣传周”。

---

① 中宣部文化部国家教委等九部委联合颁发关于在全国组织实施“知识工程”的通知. 河南图书馆学刊，1997（2）：2.

② 关于开展2003年“全民读书月”活动的通知. http：//xxk. lsc. org. cn/c/cn/news/2006 – 04/26/news_ 462. html.

2006 年 4 月，第一届中国图书馆学会科普与阅读指导委员会在广东省东莞市成立，其主要任务是研究图书馆与阅读文化，研究图书馆在指导全民阅读活动中的作用，倡导爱读书、读好书，推动全民阅读活动的开展。2009 年 7 月，在中国图书馆学会第八次代表大会上，科普与阅读指导委员会更名为阅读推广委员会。2012 年 11 月，“全民阅读”首次被写入党的十八大报告。

2013 年 4 月 18 日，在第 18 个世界读书日来临之际，由中国新闻出版研究院组织实施的第十次全国国民阅读调查项目在北京召开成果发布会，发布了初步研究成果。调查结果显示：2012 年我国 18 ~ 70 周岁国民的图书阅读率为 54.9%，比 2011 年的 53.9% 上升了 1.0 个百分点；报纸阅读率为 58.2%，比 2011 年的 63.1% 下降了 4.9 个百分点；期刊阅读率为 45.2%，比 2011 年的 41.3% 上升了 3.9 个百分点；数字化阅读方式（网络在线阅读、手机阅读、电子阅读器阅读、光盘阅读、PDA/MP4/MP5 阅读等）的接触率为 40.3%，比 2011 年的 38.6% 上升了 1.7 个百分点。综合以上各媒介，2012 年我国 18 ~ 70 周岁国民对包括图书、报刊和数字出版物在内的各种媒介的综合阅读率为 76.3%，比 2011 年的 77.6% 下降了 1.3 个百分点。从国民对各类出版物阅读量的考察来看，2012 年我国 18 ~ 70 周岁国民的人均纸质图书阅读量为 4.39 本，与 2011 年的 4.35 本相比基本持平。电子书的阅读量增幅较为明显，2012 年我国 18 ~ 70 周岁国民的人均阅读量为电子书 2.35 本，比 2011 年的 1.42 本增长了 0.93 本，增幅达 65.5%。此外，18 ~ 70 周岁国民的人均纸质图书和电子书合计阅读量为 6.74 本，比 2011 年的纸质图书和电子书合计阅读量的 5.77 本上升了 0.97 本。① 2011 年我国人均读书仅为 4.3 本，远低于韩国的 11 本、法国的 20 本、日本的 40 本、以色列的 64 本。为了推进全民阅读，全民阅读立法已被列入 2013 年国家立法工作计划。②

在我国各地开展的全民阅读中，深圳读书月是全国参与人数最多、持续时间最长、影响最为广泛的读书文化节庆。1998 年，深圳图书馆馆长刘楚材等人将《关于设立深圳“读书节”》的意见送交时任深圳文化局副局长王京生。经过两年酝酿，首届读书月于 2000 年 11 月拉开了帷幕，开全国之先河，到 2009 年已走过了 10 年。10 年来，没有任何现成经验可循，读书月从零开始，逐步摸索出“政府倡导、专家指导、社会参与、企业运作、媒体支持”的运作模式，市民参与人数从首届的 170 多万人次攀升到第十届的近 900 万

① 息慧娇．“第十次全国国民阅读调查”成果发布．http：//www.chuban.cc/yw/201304/t20130419_140027.html.

② 张玉胜．全民阅读立法如何消除“阅读危机”．http：//opinion.people.com.cn/n/2013/0805/c/003－22444431.html.

人次。十年的坚持，让深圳摘掉了“文化沙漠”的帽子，各种公共文化服务设施日臻完善。深圳读书月特别顾问、北京大学教授谢冕对读书月的感情很深：“十年前，深圳似乎与读书无关，十年后，‘文化沙漠’成了‘满城书香’。读书月的持续举办，让我们看到了一个城市不折不挠的文化攀升。”书香的因子已融入深圳市民的生活方式中，“以读书为荣”、“以读书为乐”的观念深入人心……一项调查结果显示，60.3%的深圳读者认为读书月刺激了购书欲望；65.7%的读者认为读书月营造了良好的读书气氛；61.2%的读者表示在读书月期间，读书时间有较大增加。2010年11月8日，“让城市因热爱读书而受人尊重”和“实现市民文化权利”两个与读书直接相关的观念，与“时间就是金钱，效率就是生命”、“敢为天下先”等观念一起被广大市民、网民投票选为“深圳最有影响力的十大观念”。

王京生认为，想象力和创造力是一个国家、一个民族永葆活力的源泉，而阅读能力的欠缺将极大损害人们的想象力和创造力，在此背景下，全民阅读的重要性怎么强调都不过分。他认为，“读书月的举办，不仅表明了一个城市的文化态度、文化追求，更表明了深圳对未来的志向、不急功近利的远大抱负，这也是深圳软实力的源泉”。

2010年11月1日，深圳发布了《深圳读书月发展规划（2011—2020）》，展示了读书月的美好未来：到2020年，力争把读书月打造成为与东方魅力都会相匹配的特色文化品牌，市民阅读率提高到75%，每届读书月的总参与人数达到1 200万人次，倡导并实现“每人每天阅读1小时”，继香港之后成为我国第二个举办国际学生能力测试项目的城市，争取成功申办“世界图书之都”。[①]

读书月的创办、坚守，促进了深圳市的发展。城市，因阅读而改变，因为：阅读改变城市的发展模式，推动深圳的科学发展；阅读改变城市的发展目标，提升深圳的幸福指数；阅读改变城市的价值观念，引导市民以读书为荣；阅读改变城市的生活方式，鼓励市民以读书为乐。随着现代城市的不断发展，人们在物质生活水平不断提高的同时，越来越渴望得到精神和心灵上的快乐。“至乐莫如读书”，古人告诉我们，唯有读书能带来这种充满生命力的快乐，这是一种智慧之乐、心灵之乐。能够享受这种读书之乐，也是现代人的文化权利，它的实现状况一定意义上标志着社会的文明与进步程度。[②] 2012年，深圳公共图书馆进馆总人次达2 292万，意味着深圳常住人口平均每人每年进馆两次以上。市委市政府对阅读的重视，为全民阅读打造了一个

① 王传真，璩静. 十年，涵养一个书香的深圳. http://www.szsky.com/article-60505-1.html.
② 王京生. 城市，因阅读而改变. 深圳特区报，2011-04-22.

全新格局：深圳拥有各级公共图书馆639家，建成了200多台城市街区24小时自助图书馆，拥有进入全国前十规模的三大书城。①

如今，“热爱读书的城市”已成为深圳的名片。2013年10月21日，在深圳第十四届读书月来临前夕，联合国教科文组织总干事伊琳娜·博科娃女士，为深圳这座她所钟爱的城市送来了两份“厚礼”：一份颁发给深圳，那是“全球全民阅读典范城市”的证书，“全球全民阅读典范城市”是联合国教科文组织关于全球全民阅读和学习型城市建设的重要奖项；另一份是一枚金灿灿的孔子奖牌，专门授予世界范围内为文化、教育等领域做出杰出贡献的人，这枚奖牌颁给了深圳市委常委、宣传部部长王京生。目前深圳是全球唯一获得“全球全民阅读典范城市”称号的城市，王京生部长成为中国第一个获得“孔子奖章”的人。从1989年起，深圳人均购书量连续23年居全国大中城市之首；每年11月举行的“深圳读书月”，至今已是第十四届；“十分钟文化圈”让深圳市民在家即可借阅图书……这是“全球全民阅读典范城市”深圳独有的文化风景。从2000年开始，深圳创造性地开展了以“深圳读书月”为龙头的一系列服务市民的综合读书活动，倡导全民阅读，不仅在整个城市推动了求学问道的风气，还树立了一种热爱读书、追求知识的城市形象。阅读改变着深圳，无处不在的读书活动，成为深圳的一个重要的文化标志和精神符号；星火燎原的读书理念，让阅读成为这座城市普遍认同的价值观念和新的传统。②

8.4.3 海南省全民阅读概况

2007年海南省“两会”期间，省人大代表傅映柏向大会提交建议，指出应该通过设立读书节、加强各级图书馆建设以及优秀图书推介等方式，大力开展全民读书活动。傅映柏建议，设立读书节，让全民接受读书欢乐的理念。海南也可以像设立海南岛“欢乐节”一样，设立海南岛“读书节”，从南到北，设立分会场，像请世界小姐一样，请中外文化名人到场助兴。政府加大宣传，从形式到内容，将读书是一件光荣的事，是一件高兴的事等思想贯穿到每一个公民的骨髓里去，从而让全民真正行动起来。③

2008年8月6日，由海南省省委宣传部、海南省社会科学界联合会、海南省文学艺术界联合会主办，海南省创新文化研究会、省新华书店承办的

---

① 韩文嘉. 全民阅读让深圳赢得尊重. 深圳特区报，2013-11-18.

② “热爱读书的城市”已成为深圳的名片. http：//news.sina.com.cn/o/2013-11-01/084028591394.shtml.

③ 有读书习惯的人只有5% 代表建议设立读书节. http：//www.hainan.gov.cn/data/news/2007/02/26335/.

“海南省第一届读书月”活动在海口明珠广场正式启动。时任省委常委、宣传部部长周文彰出席启动仪式并发表了讲话。他指出，读书月活动是全民性的文化盛事，希望各级领导群众踊跃参加。本次活动分为“聆听在海南”、“阅读大世界”、“知识大比拼”、“图书传关爱”、“书香满琼州”等五大版块三十多项主题活动。“聆听在海南”活动版块由读书论坛、现代家庭教育论坛、大学生文学论坛及历史文化遗产系列讲座等活动组成。“阅读大世界”活动版块将邀请100多位相关专业的专家、教授推荐藏书和阅读书目100种，青少年优秀读物50种，音像电子出版物30种。“知识大比拼”活动版块将评选出海南省“十大书香家庭”、“十大书香企业”和“十大书香校园”。“图书传关爱”活动版块将广泛组织开展“爱心捐书”活动，爱心图书将送往海南文明生态村文化室、贫困地区希望小学，还将送给四川地震灾区海南对口支援地区的孩子们。“书香满琼州”活动板块包括“构建社会主义和谐社会知识竞赛”、“书香伴人生系列讲座”、“夕阳红”书画作品巡回展等活动。这是海南省首次举办大型群众性读书文化活动，活动历时一个月，持续到9月6日。

2009年3月4日，由海南省委宣传部主办，海南凤凰新华出版发行有限责任公司承办，省社科联、南国都市报、大特区讲坛、省图书馆协办的第一届海南书香节在海南省图书馆拉开了帷幕，书香节的主题为“阅读中华文化经典，丰富海南文化生活”。时任海南省委常委、宣传部部长周文彰宣布首届海南书香节开幕，他认为，书既是思想的宝库，又是人类的精神家园，书籍可以助人提高素质又能改变命运，所以要倡导大家自觉读书，让读书成为海南独特的文化景观，成为海南国际旅游岛的精神支撑。北京师范大学于丹教授在开幕式上作题为“阅读经典，感悟成长”的报告。本届书香节系列活动中既有受读者喜爱的“名家读书报告会”、“名社好书进海南大联展”活动，又有广大学子青睐的“校园人文行”活动；既有符合党政机关干部工作阅读需要的阅读推荐书目，又有向贫困地区送知识、送爱心的图书捐赠活动，还有以“健康阅读、快乐人生”为主题的“书香满校园”征文活动。本届书香节历时一个月。①

2009年4月23日，在世界第十四个读书日，海南省精神文明建设指导委员会办公室和海南省社会科学界联合会联合发布了《推进全民阅读　共建国际旅游岛倡议书》，向全省人民发出进一步推进全民阅读的倡议，倡议全岛人民都捧起书来，走进书店，走进图书馆，走进书屋，进行广阅读、深阅读、精阅读，同享读书的快乐，品味知识和鸣之美，让读书学习成为广大市民终

① 黄晶，黄智，符弘茜．首届海南书香节开幕．海南日报，2009－03－05．

生的事业，让读书阅读成为社会普遍的风尚，共同推进国际化程度高、生态环境优美、文化魅力独特、社会文化祥和的国际旅游岛建设。

第一届海南书香节的启动，拉开了政府主导、企业参与的海南全民读书活动的序幕。此后，海南省每年都举办海南书香节。书香节旨在进一步推动海南全民阅读活动，形成良好的读书风气，提高全省广大干部群众的文化素质和文明素养。

2010年5月20日，由海南省委宣传部指导，省文体厅、省教育厅主办，海南省新华书店集团有限公司、海南凤凰新华发行有限责任公司承办的第二届海南书香节在海南凤凰新华文化广场举行了开幕式。书香节的主题是“品味书香，共建海南国际旅游岛”，活动历时一个月。

2011年5月21日，由海南省文体厅主办，海南凤凰新华发行有限责任公司承办，海南省图书馆、南国都市报协办的第三届海南书香节在海南省图书馆拉开了帷幕。书香节的主题是“阅读改变生活”。活动时间至7月3日结束，历时一个多月。

2012年4月26日，由海南省省委宣传部、省文体厅主办，海南凤凰新华发行有限责任公司、海南省新华书店集团有限公司、海南省教材出版有限公司承办的第四届海南书香节启动仪式在海口购书中心举行，书香节主题是“阅读·文明·发展”。在启动仪式上，省委宣传部、省文体厅有关领导代表本届海南书香节向琼中大平希望小学、海口市秀英区永兴镇美东村委会等5家农家书屋捐赠了价值3.5万元的图书。本届书香节开展了形式多样的读书活动，到6月30日结束，历时超过二个月。

2013年4月19日，第23届全国图书交易博览会暨第五届海南书香节在海南国际会议展览中心隆重举行。本届书博会精心策划了多项读书活动：①在2012年10月至2013年4月开展“绿色海岛·文化海南”全民阅读活动。围绕海南省委省政府中心工作，突出“海南”、“绿色”、“读书”等元素，举办了一系列内容丰富、形式多样的主题阅读活动。除了开展“书香进社区”、“书香进企业”、“书香进校园”等活动外，还创立和培育了海南“青少年电视读书节”和“网络读书节”等品牌读书节庆。②“书博大篷车环岛行”，在海南掀起全民阅读新潮流。从3月27日至4月2日，三辆满载着各类图书的书博大篷车分北、中、南三条路线，用8天时间环岛而行，宣传本届书博会的口号、基本信息及大篷车环岛行的活动内容，流动展示展销社会科学、文化教育、文学、种养殖等方面的出版物，向沿线的学校、部队、乡镇、农场和社区等63个活动站点赠送价值70万元的精品图书，引导广大群众进一步关注和参与书博会，让全民共享读书之乐。③百万惠民券献礼琼岛居民，激发全民购书读书热情。书博会期间，组委会与爱心企业合作开展“惠民券献礼琼岛居民”活动，设计、印制惠民券（每张面值50元）总量100万元，发放给海南广大读者，有效地激发了读者兴趣。根据惠民券的使用情况测算，百万书券的发放为书博会额外吸引了近2万名以上读者。本届书博会除专门划定一个超大规模的零售馆外，还在全省各新华书店开展了优惠销售活动，并组织发行企业举办社区便民购书活动，提供优惠购书展销服务，使书博会成为了市民关注的热点，强力助推了阅读扎根市民生活。④向海南农家书屋和图书馆捐赠图书的活动，有效推进了海南公共文化服务体系的建设。经初步统计，有101家出版发行单位捐赠了图书，捐赠图书总册数达到168 687册，共获赠图书和音像制品约1 000万元。获赠图书将配送给海南省农家书屋、公共图书馆、学校图书馆（室）、部队图书室等。⑤开展“情系三沙，慰问赠书”大行动，让西沙军民感受阅读的喜悦与快乐。① 书博会、海南书香节推出的形式多样、内容丰富的读书活动，极大地推进了海南省全民阅读活动的开展。

海南各报刊杂志也开办了读书栏目，指导全民阅读。比如《海南日报》开办了“读书版”选登优秀书评，评介优秀社科读物；《南国都市报》开设了悦读版、连载专栏、读书版等阅读内容版面；《国际旅游岛商报》特设了“茶韵书香”专版，通过开设书评、文稿等专版、专栏，以每周一个整版的形式，向读者积极推介优秀读物，拓宽读者的阅读视野，引领大众的阅读风尚；《新教育》杂志开办了“博览群书”栏目，三年来该栏目两次进行阅读书目大推荐，共推荐阅读书籍80多本，共组织出版该栏目稿件30多篇（一般一期推荐一本教育名著）等等。②

活动造势阅读氛围，推动阅读活动。但与轰轰烈烈的活动和造势相对应的却是具体阅读效果的不理想，这主要表现在：一是全社会对阅读的重要性缺乏足够的认识，全民阅读的风气还没有形成；二是具体的阅读问题难以有效解决；三是阅读的环境与条件有待改善。而这些问题的存在也影响了阅读质量的提升和全民阅读活动的深入推广。③

8.4.4 图书馆对海南全民阅读活动的思考

国际阅读学会在总结阅读对于人类的最大益处时，曾经在一份报告中指出，阅读能力的高低，直接影响到一个国家和民族的未来。因为阅读可以强

---

① 书香椰韵 魅力海南：关于第23届全国图书交易博览会的总结报告. http：//nanhai. hinews. cn/zt/tsblh_ page. php? xuh =27000.

② 陈智慧. 关于海南开展全民阅读推广活动的十点建议. 新教育，2013（4）：59 ~60.

③ 陈智慧. 关于海南开展全民阅读推广活动的十点建议. 新教育，2013（4）：60.

化文化认同、凝聚国家民心、振奋民族精神，可以提高公民素质、淳化社会风气、建构核心价值。[①] 联合国教科文组织代表罗西在接受深圳特区报专访时说："对于一座城市而言，阅读是最有价值的投资之一。阅读之所以是一笔极其宝贵的精神财富，是因为它无法被任何东西所取代，也无法被外界的任何力量夺去，它代表这座城市的气质和心灵，也是这座城市发展的支柱和动力。"[②] 深圳的发展也说明了这点。因此，海南要实现科学发展、绿色崛起，更要大力开展全民阅读活动。

第十次全国国民阅读调查显示，我国国民对当地举办全民阅读活动的呼声较高，且农村居民的期望程度要高于城镇居民。2012 年有 69.2% 的 18 ~ 70 周岁国民认为有关部门应当举办读书活动或读书节，比 2011 年的 62.6% 增长了 6.6 个百分点，其中，城市居民认为当地有关部门应该举办阅读活动的比例为 65.6%，农村居民中这一比例高达 73.2%。[③] 这再次说明了举办全民阅读活动的重要性和必要性。

2006 年，包括中国图书馆学会在内的多家机构在深圳发表的《关于倡导"全民阅读"的深圳宣言》中指出"阅读是生而为人最基本的文化权利，让世界上每一个角落的每一个人都能读到书，让读书成为每个人日常生活不可或缺的一部分，知书达礼，'读万卷书、行万里路'，已经成为人类共同的目标"。公共图书馆为保障公民基本文化权利而存在，是社会的一个开放阅读场所。公共图书馆的阅读服务，使其无可争议地成为现代社会中促进阅读的主要力量。[④] 从 2003 年至今，中国图书馆学会每年向全国图书馆发出全民阅读活动的通知，号召全国图书馆根据当地实际情况，联合社会力量，开展多种形式的读书活动。通知还对当年的全民阅读活动的活动主题、活动内容、总结和表彰进行了说明。面对责任与义务，海南图书馆人要勇于担当，进一步推进海南省全民阅读活动的开展。

（1）海南省图书馆协会要发起倡议，建议将一年一度的海南书香节的具体举办日期固定下来，健全活动的组织管理机构，确保海南书香节持续、深入地开展。

海南书香节是海南政府推动的一项大型公众读书文化活动，已办了五届，但没有一个固定的日子，并且开幕时间不固定、活动时间长短不一，因而不

---

① 中国拟立法促全民阅读 专家称应规范公共图书馆建设. http://www.ccdy.cn/cehua/2013ch/lifa/news/201308/t20130813_730956.htm.

② 全民阅读让深圳赢得尊重. 深圳特区报，2013-11-18.

③ "第十次全国国民阅读调查"成果发布. http://www.chuban.cc/yw/201304/t20130419_140027.html.

④ 范并思. 拓展图书馆未成年人阅读服务. 图书与情报，2013（2）：2.

利于普通民众记忆、接受、参与、传播，不易于形成人们生活中的自觉行为。要让书香节融入人们的日常生活，成为海南人民的文化节庆，就必须固定书香节的时间以便于民众记忆，到时自觉参与。笔者认为可将其定为每年的4月1日至30日。因为4月里有很多值得我们去关注的节日：

4月2日是“国际儿童图书日”、“中国儿童阅读日”，也是丹麦童话大师安徒生的诞辰日。1967年国际儿童读物联盟（IBBY）把这一天定为“国际儿童图书日”（International Children's Book Day），以唤起人们对读书的热爱和对儿童图书的关注。国际儿童读物联盟中国分会中国儿童读物促进会在教育部和团中央的共同支持下，将国际儿童图书节引进中国，并于2007年3月23日，在北京首都图书馆举行“共同架起儿童与图书的桥梁——纪念国际儿童图书节四十周年暨中国儿童阅读日系列活动”的启动仪式上宣布设立“中国儿童阅读日”，时间是每年的4月2日，并为此开展了一系列活动，旨在共同架起儿童与图书之间的桥梁，让中国的儿童与世界儿童一样同处一个阅读起跑线上，以此促进中国儿童阅读，引领中国儿童成长，推进教育、教学改革，提高民族素质、构建和谐社会。

4月7日是世界卫生日。1950年联合国决定将每年的4月7日定为世界卫生日，旨在引起世界各国人民对卫生、健康工作的关注，提高人们对卫生领域的认识，强调健康对于劳动创造和幸福生活的重要性。世界卫生日期间，包括中国在内的世界卫生组织各会员国都举行了活动，推广和普及有关健康的知识，提高人民的健康水平。

4月22日是世界地球日（World Earth Day），这是一项世界性的环境保护活动。该活动是1970年由美国的盖洛德·尼尔森和丹尼·海斯发起的，随后影响越来越大。活动旨在唤起人类爱护地球、保护家园的意识，促进资源开发与环境保护的协调发展，进而改善地球的整体环境。中国从20世纪90年代起，每年都会在4月22日举办世界地球日活动。2009年4月22日，第63届联合国大会一致通过决议，决定将今后每年的4月22日定为“世界地球日”。

4月23日是世界读书日。1995年，联合国教科文组织把每年的4月23日定为“世界读书日”（全称“世界图书与版权日”）。

4月26日是世界知识产权日。根据中国和阿尔及利亚在1999年的提案，世界知识产权组织在2000年召开的第三十五届成员大会上通过决议，决定从2001年起，将每年的4月26日定为“世界知识产权日”。4月26日是《建立世界知识产权组织公约》（简称《世界知识产权组织公约》）生效的日期。设立世界知识产权日旨在全世界范围内树立尊重知识，崇尚科学和保护知识产权的意识，营造鼓励知识创新和保护知识产权的法律环境。维护知识产权，是尊重别人劳动成果的体现，更是普及知识，全面提升民众的维权意识的体现。

4 月也是博鳌亚洲论坛年会召开的时间。2001 年 2 月 26—27 日，“博鳌亚洲论坛”在海南博鳌召开了成立大会，从 2002 年 4 月 12 日举行首届年会以来，除第二届年会外，每届年会召开的时间都在每年的 4 月。

以上的节日能给我们的书香节文化活动增添丰富多彩的内容，唤起人们关注儿童读书，培养祖国的未来；关注健康，幸福地生活；爱护地球，保护我们的家园；倡导阅读，维护知识产权、尊重别人的劳动成果；以祥和的人文氛围、迎接八方来客来海南博鳌参加年会的意识。

（2）海南图书馆协会要倡议全省图书馆将 4 月定为图书馆读书月。因为 4 月是海南书香节，将读书月纳入书香节活动中，成为书香节最重要的内容之一，有利于图书馆开展全省阅读活动。因为 4 月有许多有意义的节日能丰富读书活动的内容。同时，建议将每年书香节活动延伸到各市县，主会场开幕式设在省图书馆，各市县活动场所设在各市县图书馆。海南图书馆的力量是有限的，因此我们要借力发力，借助书香节推动图书馆开展全民阅读活动，借助书香节让公众认识图书馆、亲近图书馆、走进图书馆，借助书香节促进政府重视图书馆、发展图书馆，使图书馆真正成为市民的文化休闲中心、公共信息服务中心。

（3）全省图书馆应在书香节（读书月）期间，组织开展形式多样、内容丰富的活动，助力书香节、读书月，掀起海南全民阅读的高潮。如开展读者问卷调查，问需于民、问计于民，倾听民声、体现民意、集纳民智，开门办馆，将图书馆真正办成“民众大书房”、“民众教室”；举办“你读书，我买单”活动，激发、引导读者读书，同时，了解当下人们的阅读兴趣、阅读倾向和阅读方式，使图书馆文献资源的建设更贴近民众，达到“每个读者有其书、每本书有其读者”的目的，避免盲目采购文献，浪费经费；开展文化展览、文艺欣赏、讲座、亲子阅读、读者满意度测评等，重塑图书馆的形象。

（4）图书馆要宣传引导数字阅读和移动阅读。网络，改变了人们的生活，也改变了人们的阅读方式。第十次全国国民阅读调查显示，2012 年我国 18 ~ 70 周岁国民图书阅读率为 54. 9%，其中数字化阅读方式（网络在线阅读、手机阅读、电子阅读器阅读、光盘阅读、PDA/MP4/MP5 阅读等）的接触率为 40. 3%。

美国“大西洋网站”在 2012 年 11 月 27 日以“2 500 万人用手机看书”为题进行了报道，报道认为中国现在有超过 4 亿移动网络用户，是全世界最大的智能手机市场，几乎一半的中国成年人阅读不同形式的书籍，约有25%的读者，即2.2亿人阅读电子媒体，在这些人中近1.2亿人用手机阅读，而其中有将近2 500万人只用手机阅读。这一报道中的数据信息留给我们深刻印象的主题词是“手机阅读”。另据《文汇报》2012年11月29日报道，“碎片时间成阅读黄金时间”，基于市民调查的报道显示，上海市民喜欢通过网络、手机看书；传统阅读时代养成的一些习惯特征正在淡出人们的视野；睡前、晚饭后与上下班途中，分别以52%、44%、43%的比例成为阅读者心目中的黄金阅读时间；随着手机、平板电脑或其他移动平台的普及，越来越多的人利用上下班途中的碎片时间阅读，原本的垃圾时间一跃成为阅读的黄金时间；一旦看到打动自己的文章或段落，几乎所有人都本能地选择传播给更多人；博客、微博等即时社交工具让人们得以在第一时间把自己读到的精彩文字向交际圈发布。这一报道中的数据信息留给我们深刻印象的主题词是“碎片阅读”。①

截至2010年底，我国电子书总量已达115万种，年新增18万种；单独出版的数字报纸已达700份以上，电子期刊近万种。除此之外，数据库出版物、网络出版物、手机出版物等也在迅速发展和不断涌现。2012年3月13日，《大英百科全书》所在公司更是宣布停印已有244年历史的纸质版《大不列颠百科全书》，今后将只提供电子版，显示了数字出版的势不可挡。②

海南正在建设“信息智能岛”、“数字海南”，因此，图书馆要加强数字资源建设，要高度重视、研究数字阅读和移动阅读，宣传引导“手机阅读”、“碎片阅读”，否则，公共图书馆将在新的阅读浪潮中落伍并逐渐被边缘化。

8.5 重视公共关系，促进图书馆和谐发展

公共关系（Public Relations）是一个社会组织用传播手段，使自己与公众相互了解、相互适应的一种活动和职能，它既是一种传播活动，也是一种公众关系，具有管理职能。③ 图书馆的公共关系可以概括为：利用传播手段，使公众了解自己的属性、职能、资源和服务，同时了解公众需求，使两者相互适应，更好地服务社会。公共关系在图书馆处于全局性地位，贯穿于图书馆管理的各个方面和全过程，关系到公共图书馆的兴衰存亡。④

① 王世伟．基于数据信息的公共图书馆发展分析与展望．图书情报工作，2013（5）：7.

② 魏大威．数字图书馆的科学规划与发展探析———国家数字图书馆的探索与实践．图书馆理论与实践，2013（4）：2.

③ 居延安．公共关系学导论．上海：复旦大学出版社，2008.1.

④ 于群，李国新．公共图书馆业务培训指导纲要．北京：北京师范大学出版社，2012．269~270.

美国图书馆协会的公共关系是通过与媒体合作开展传播活动，通过与政府和社会沟通，建立良好的公众关系，提高图书馆和图书馆协会的知名度和名誉度，实现管理和服务职能，争取公众的理解与接受。美国图书馆界一向重视宣传工作。2004 年 ALA 时任主席帕特里夏·格拉斯·舒曼在《图书馆交际手册》的序言中描述道："对外联络和公共关系是影响力的根本"。①

当前，党和政府高度重视公共文化建设，并投入了大量人力、物力、财力建设公共图书馆、文化共享工程、数字图书馆推广工程等等。对于如何充分发挥工程的作用与效益，如何发挥图书馆文化功能、弘扬民族文化、促进文化发展的重任来说，加强公共关系工作至关重要。为此，省图书馆协会和各公共图书馆要协同开展以下方面工作。

（1）加强宣传、推介活动。充分利用图书馆阵地开展自我宣传、自我推介，让民众了解、认识图书馆，提高社会对图书馆的认知度。

（2）加强与社会有关部门的联系、开展工作。如与报纸杂志、广播、电视部门联系与合作，充分利用报刊、广播、电视等媒体及时宣传图书馆开展的各种服务和新举措，引导民众走进图书馆、利用图书馆，使图书馆成为民众文化生活的一部分，成为文化消费休闲的起居室，让民众自觉享受社会赋予他们的文化权利；同时，对图书馆出现的危机事件，及时进行沟通。又如，与公共交通管理部门联系，将图书馆位置作为公共汽车站点，或将紧邻图书馆所在位置的公共汽车站点以"图书馆"命名，既达到宣传图书馆的效果，又起到方便民众到图书馆的目的。例如海南省图书馆、三亚市图书馆将"图书馆"作为公共汽车站名路牌标示的方式，就非常值得推广，同时这也是城市文化品位的体现。

（3）加强与上级主管部门的联系，及时反映图书馆开展的各项工作、存在的问题、远景规划等，让主管部门及时了解图书馆开展的各项工作、发展思路，争取得到更多的政策和财政支持。

总之，只有经常不断地去宣传图书馆、宣传图书馆事业的发展远景，让政府和社会各界了解图书馆，才能争取到政府和社会的支持，才能促进图书馆的可持续发展。

8.6 加强少年儿童图书馆（室）建设，做好少儿服务工作

儿童是人类的未来，是社会可持续发展的重要资源。儿童发展是国家经济社会发展与文明进步的重要组成部分，促进儿童的发展，对于全面提高中

---

① 严向东．美国图书馆协会公共关系初探．国家图书馆学刊，2013（1）：80，82.

华民族的素质，建设人力资源强国具有重要战略意义。儿童时期是人生发展的关键时期。为儿童提供必要的生存、发展、受保护和参与的机会和环境，最大限度地满足儿童发展的需要，激发儿童的潜能，将为儿童一生的发展奠定重要基础。公共图书馆承担着为少年儿童提供服务的重要职责，因此要高度重视儿童图书馆（室）服务工作。

美国图书馆历来重视儿童服务，根据美国图书馆协会统计，截至2011年，全美共有公共图书馆16 766个，所有公共图书馆均为儿童提供服务。除公共图书馆外，学校图书馆及其他类型图书馆也为儿童提供专门服务，如为美国政府决策提供咨询的国会图书馆专门设置了“青少年阅读中心”。1943年发表的《战后公共图书馆标准》规定：成人，亦即15岁以上的居民，每人每年外借的册数规定为3~10册；而对于儿童，亦即4岁到14岁的居民，每人每年的外借册数规定为10~30册。由此可见，美国图书馆对儿童服务工作的重视程度。美国图书馆的儿童服务工作在全球图书馆儿童服务中具有领先优势。为了更好地为少年儿童提供专业化、标准化服务，美国图书馆协会于1984年6月30日成立了儿童图书馆服务协会。在美国，担任儿童图书馆员的人员均须具备图书馆专业硕士以上学位，具备儿童文学素养，具备策划、开展儿童服务项目的能力等。在美国，几乎所有的公共图书馆都会划拨一定面积用于为儿童服务，其空间装饰、家具布置也会充分考虑儿童的身高和生理特点，采用较为低矮的桌椅和书架，采用柔软的地毯以降低孩童摔伤的风险。美国图书馆以儿童活动丰富而著称，各图书馆均策划有种类繁多、形式多样的主题活动，并且主题活动的目标具有高度一致性，即所有活动均是为了激发儿童的阅读兴趣，培养儿童的信息素养与综合素养；在活动形式上，儿童主题活动通常鼓励家长参与，注重对家庭阅读氛围的培养。①

在我国，各地也建起了不少少儿图书馆（室）。截至2006年底，全国有独立建制的少儿图书馆共有92个，少儿图书馆数量居前的省（市）分别是辽宁15个、天津12个、江苏和湖南各6个、上海和福建各5个，没有独立建制少儿图书馆的省（市）有江西、海南、四川、西藏、宁夏、青海和新疆等7个省份。②

国家高度重视少儿发展。2011年7月30日，国务院颁布了《中国儿童发展纲要（2011—2020年）》，其中规定了我国政府儿童事业发展的新目标和新举措，标志着中国儿童保护工作进入了新的阶段。

---

① 霍瑞娟，吴悦．美国公共图书馆的儿童优先服务实践．图书馆工作与研究，2013（3）：113~116.

② 武吉虹，赵谞炯．世纪之初我国少年儿童图书馆事业发展概况．晋图学刊，2009（4）：75.

2012年11月22日，主题为“儿童优先与公共图书馆服务”的中国图书馆年会第一分会场会议在广东省东莞市举行，国务院妇女儿童工作委员会办公室副主任宋文珍、国家图书馆副馆长陈力出席并作了重要主题报告。来自全国少儿馆的众多馆长和业内外的少年儿童工作者一百多人参加了会议，共同签署了“全国公共图书馆儿童优先服务倡议书”，并郑重向公众发布：“全国公共图书馆行动起来，积极践行儿童优先原则，保障儿童利益最大化。”并且做出如下倡议：“①各级立法机关和文化行政管理部门应优先考虑儿童和儿童图书馆（室）的利益和需求，为公共图书馆的儿童服务工作提供法律和政策保障。各级文化行政管理部门应把少年儿童图书馆（室）的建设纳入当地国民经济和社会事业发展总体规划和文化发展专项规划。各级图书馆学会及其专业委员会应为公共图书馆的儿童服务工作创造良好的行业环境。②国家重大文化惠民工程和数字文化建设项目应优先考虑儿童和儿童图书馆（室）的利益和需求，加强儿童适用的设施设备和信息资源的建设和服务。在乡镇综合文化站建设、街道（社区）文化中心（活动室）建设以及国家公共文化服务体系示范区（项目）创建、公共图书馆评估定级等工作中加大对儿童服务项目考核与评估的指标和权重。③各级公共图书馆应建立少年儿童分馆或阅览室，有条件的地方建设独立建制的少年儿童图书馆。应建立专门的儿童服务部门，积极引进或培养儿童服务的专业化人才，加强馆员培训和进修，提升儿童服务工作者的能力和水平。应安排一定比例的独立预算用于少年儿童图书馆（室）的建设、管理和服务。④各级公共图书馆应从儿童身心发展的特点和利益出发，策划、组织和开展儿童阅读推广活动，举办面向儿童的讲座、培训和展览等活动。积极开展新媒体服务，提高儿童的信息素养。积极开展业界合作和社会合作，举办儿童阅读推广进校园、进社区、进乡村等活动。鼓励并支持儿童参与图书馆志愿服务等活动。⑤各级公共图书馆应提供公平的儿童服务环境，确保不同户籍、地域、性别、民族、信仰、教育状况、身体状况和家庭财产状况的儿童平等地享有公共图书馆服务的权利与机会。积极拓展儿童服务的渠道，开展推送服务，有条件的地方要配置流动图书车及有关设备，开设盲文阅览室，加强面向特殊儿童的图书馆服务。”①

海南省各市县公共图书馆虽在馆内设有少年儿童阅览室，但对其建设、管理与服务重视不够，个别馆还存在走形式、摆样子的现象。当前，要加强少儿阅览室环境建设、图书资料建设，创造条件吸引少儿到图书馆来，要充分利用寒暑期开展各种形式的少儿阅读活动，培养儿童的阅读兴趣与能力，

---

① 周媛．2012年中国图书馆学会东莞年会《全国公共图书馆儿童优先服务倡议书》发布．贵图学刊，2012（4）：64～65.

培养少儿信息素养与综合素养。

8.7 加强海南地方文献工作，保存海南文化遗产

8.7.1 图书馆要高度重视、积极行动、勇于担当

国际图联1975年将公共图书馆社会职能概括为4条，其中将“保存人类文化遗产”列为第1条。文化部1982年颁布了《省（自治区、市）图书馆工作条例》，明确指出省级公共图书馆担负着“搜集、整理与保存文化典籍和地方文献”的任务①。可见，收藏、保存本地地方文献是公共图书馆尤其是省图书馆的职责与义务。公共图书馆要高度重视、履行职责。省馆要组织、指导各市县馆开展工作，同时加强与高校馆的联合，形成省馆、高校馆和市（县）馆三位一体的合作共建局面，创造性地开展地方文献的搜集、整理与研究工作，收藏、保存海南文化遗产，宣传弘扬海南本土文化，为海南本土文化研究与服务提供文献保障。

8.7.2 图书馆要加大力度、追寻搜集海南地方文献

目前海南图书馆地方文献收藏最匮乏的是建省前的海南文献，这项工作落实在省图书馆的肩上是不容置疑的，省图书馆要承担起回溯搜集海南地方文献的重任，广泛搜寻海南地方文献收藏线索，通过立项的形式争取专项经费用于回溯搜集各种形式的海南地方文献，如纸质文献、声像文献、电影与电视等影像资料文献。省图书馆要加强与兄弟省（市）图书馆之间的联系与沟通，争取其支持与帮助，追寻、搜集海南建省前的海南地方文献。当前重点是加强与广东省立中山图书馆、国家图书馆、上海图书馆和台湾“中央”研究院图书馆的联系与沟通，争取通过调拨、馆际交换、复印、拍照、缩微胶片等各种形式搜集海南地方文献。此外，海南省有300多万海外华侨和港澳台同胞，他们分布在世界各国，并设有许多会馆或同乡会，如泰国海南会馆、美国南加州海南会馆、法国海南同乡会等等，他们热心、支持家乡公益事业的建设，常回海南参加各种社会活动、回乡祭祖，省图书馆要加强与他们的联系，通过他们搜集海外的海南地方文献、海南同乡会或海南会馆文献资料。

8.7.3 各市县图书馆要全面搜集本市县出版的文献资料

各市县图书馆要高度重视本地文献的搜集，要充分利用其地理优势，加强与本市县各部门、各单位的联系，广泛、全面地搜集本市县各种类型、各

① 吴慰慈，董焱．图书馆学概论．北京：国家图书馆出版社，2008. 107～108.

种形式的文献，尤其是网上文献资料；要利用送书下乡、文化共享工程下乡、乡镇文化站等条件，广泛搜集民间、社会编辑出版的各种资料如家谱族谱等；要重视搜集海南各种方言的口述历史资料。在图书馆设立本地文献室或本地文献专柜，用于收藏本地文献、宣传弘扬本地文化。在图书馆宣传栏、图书馆主页、乡镇文化站宣传本馆收藏本地文献的意义、作用与做法，让本地人士了解与支持本馆的地方文献搜集工作。在全面搜集文献的基础上，要有意识地重点搜集、挖掘、系统收藏、编辑出版本地最具影响力的文化遗产或文献资料，力争在某方面有所建树。如三亚市图书馆有重点地搜集、整理与编辑出版其独特资源“崖州民歌”和“三亚疍家文化”的做法就值得各馆学习借鉴。

在国外大部分公共图书馆里，都可以看到一些有关该城市或地区各种信息的宣传资料。通过公共图书馆这一信息辐射和交流的窗口，让人们可以及时了解该地区的最新动态，获得自己所需要的信息。公共图书馆对市民和游客来说，是可信赖的信息来源，是地区的综合信息中心。① 海南省正在建设国际旅游岛，各公共图书馆是人与人交流的文化场所，是宣传本市（县）的重要窗口，应高度重视搜集本市县各种宣传资料信息，以方便本地、国内外游客查询。

8.7.4 加强与海南地方文献收藏单位合作共建

目前，海南地方文献主要收藏单位有海南师范大学图书馆、海南大学图书馆、海南医学院图书馆、琼州学院图书馆、海南省民族学会、海南地方史志办等单位，省图书馆要加强与上述单位及其他收藏单位建立联系合作，广泛了解地方文献的收藏情况，在本馆建立联合目录，以方便人们检索、查阅地方文献资料。同时，通过联合目录和海南地方文献各种书目进行对照，了解海南缺藏情况，研究合作共建海南地方文献事宜，为搜集、保护、传承海南的历史文化做出贡献。

8.7.5 海南省图书馆协会要充分发挥协调管理作用

海南省图书馆协会是海南省图书馆行业的管理者，因而要充分发挥其协调管理功能，促进海南地方文献的建设与发展。首先，要加强与省内地方文献（文化）协会、研究会、联谊会、促进会等组织机构的联系，如海南省民间文艺家协会、海南省曲艺家协会、海南省乡土文化研究会、海南省文化历史研究会、海南省民族学会、海南省文物研究会、海南省地方志学会、海南省中共党史学会等，争取各机构对图书馆搜集地方文献工作的支持；其次，

---

① 吴建中．浅谈21世纪图书馆发展趋势．图书馆杂志，1997（1）：37，26.

组织省内各馆开展地方文献工作研究、学术交流活动，共同研究探讨地方文献搜集、整理、研究、合作共建共享和服务工作；最后，组织编辑出版地方文献专题索引、馆藏联合书目提要、专题资料汇编，探讨地方文献数字化建设、联合书目数据库建设等问题，推动海南地方文献建设。

8.7.6 建立海南地方文献工作者交流互动平台

海南地方文献记载着海南各民族、各地区人民在不同历史时期应对不同自然环境的群体智慧结晶，内容涉及方方面面，存在形式多种多样，分布广泛，因此要全面、系统、完整地收藏，开展研究与服务，就必须加强联系、加强协作、互通信息，必须充分利用现代网络信息技术，建立起海南地方文献工作者交流互动平台，相互交流、互相支持、促进发展。根据地方文献收藏的特点，可将此平台设在省图书馆，由省馆建立一个 QQ 地方文献工作联系交流互动平台，用于探讨地方文献工作、咨询解答疑难问题、互通信息、协助采集文献，如海南省某地召开有关地方学术会议，通知其所在地图书馆派人去参加、收集会议文献；某地出版书刊，询问是否需要协助采购等，共促海南地方文献建设。

8.8 建立区域图书馆联盟，实现资源共享

图书馆联盟是以实现资源共享、利益互惠为目的而组织起来的一个图书馆联合体，是现代图书馆面对知识膨胀、经费紧张以及海量信息需求而做出的必然选择。在美国，图书馆联盟已经成为图书馆的一种生存方式。20 世纪 90 年代以后，美国的图书馆联盟数量呈爆炸式增长，并在全国范围内形成了错综复杂、无所不在的网络组织。美国的图书馆联盟几乎囊括了包括大学图书馆、研究机构图书馆、公共图书馆、学校图书馆、专业图书馆以及信息机构在内的各类型图书馆。各州图书馆法都对合作联盟内成员馆的合作形式和联盟的服务职能做出了规定，内容涵盖了馆际互借服务、联合目录库建设、联合资源建设、参考咨询服务、人员培训和继续教育等服务标准与服务类型。①

海南公共图书馆与海南高校图书馆建立图书馆联盟，能充分利用高校图书馆的文献资源优势、人员优势、服务优势来提升公共图书馆的服务能力。

8.8.1 海南高校图书馆

海南省现有本科院校 6 所，其中公办院校 4 所，即海南大学、海南师范大学、海南医学院和琼州学院，民办院校 2 所，即三亚学院（2005 年开始招

---

① 杨德祥．当前国外图书馆发展模式前沿和启示．山东图书馆学刊，2011（3）：50.

生）和海口经济学院（2008 年由高职院校升格为本科）。现有高职高专院校 11 所，其中高职院校 10 所，高专学校 1 所；2000 年开始招生的院校 1 所，2001 年和 2003 年开始招生的院校各 1 所，2004 年开始招生的院校 2 所，2005 年以后开始招生的院校 6 所；中专升格的 6 所，新建院校 5 所；公办院校 6 所，民办院校 4 所，股份制院校 1 所。在海南高校中，建校时间长且有博士点、硕士点的学校是海南大学、海南师范大学、海南医学院和琼州学院。

（1）海南大学图书馆。新海南大学是 2007 年 8 月 14 日，经国家教育部批准，由华南热带农业大学与海南大学合并组建而成的海南省属综合性重点大学，是海南省人民政府与教育部、财政部共建高校。2008 年 12 月，经国家批准成为"211 工程"重点建设高校。学校现有学科涵盖哲学、经济学、法学、文学、理学、农学、工学、管理学、艺术学等九大门类。在"211 工程"三期建设期间，新增 1 个国家重点学科、1 个国家重点（培育）学科，获批 14 个海南省重点学科，新增 4 个一级学科博士点、21 个一级学科硕士点、3 个专业学位点。目前学校拥有 2 个国家重点学科、1 个国家重点（培育）学科、16 个省部级重点学科，5 个一级学科博士点、34 个二级学科博士点，24 个一级学科硕士点，7 个专业学位点，74 个本科专业。① 图书馆海甸馆馆舍面积达 33 106 平方米。图书馆现有藏书 327.65 万册，其中，纸质文献（含纸质图书、期刊合订本）208.52 万册、电子图书 119.13 万册。同时有丰富的中外文电子数据库，如维普中文科技期刊数据库、万方数据资源系统、中国期刊全文数据库、中国重要报纸全文数据库、中国期刊题录数据库、中国专利题录摘要数据库、中国优秀博硕士学位论文全文数据库、EBSCO 数据库、BIOSIS Previews 数据库、CA 数据库、Springer Link 电子期刊系统、LexisNexis 律商联讯等中外文电子信息资源，可查询检索国内外重要的哲学、社会科学和自然科学期刊题录与全文资料。此外，海南大学图书馆还设有教育部科技查新工作站。②

（2）海南师范大学图书馆。海南师范大学前身是建于清康熙四十四年（1705）的琼台书院，1949 年秋正式创建"国立海南师范学院"。2007 年经国家教育部批准更名为海南师范大学。2009 年海南省政府将学校列为省重点大学进行建设。2013 年经国务院学位委员会批准为博士学位授予权单位。学校现有学科涵盖教育学、理学、工学、文学、历史学、法学、经济学、管理学、农学等九大学科门类。有 5 个省级重点学科、4 个省级（培育）学科。现有 4

---

① 海南大学学科建设. http://www.hainu.edu.cn/STM/home2013/SHTML_liebiao.asp@bbsid=4628.shtml.

② 海南大学图书馆概况. http://library.hainu.edu.cn/bggk.html.

个一级学科博士点，11 个一级学科硕士点，1 个专业学位教育硕士点，53 个本科专业。南校区图书馆馆舍面积达 16 950 平方米。现有馆藏图书 275.69 万册，其中纸质图书 163.67 万册，电子图书 112.02 万册；有 SciVerse Science-Direct 数据库、Wiley 数据库、SciFinder（化学文摘）、PQDT 欧美博硕学位论文库数据库、ProQuest Biology Journals（PBJ）生物全文数据库、OCLC World-cat、CNKI（中国知网）、OCLC 的艺术博物馆在线、万方外文数据库、读秀等中外文数据库。收藏新、旧版古籍 53 000 多册，其中 1949 年以前出版的图书 48 000 多册，明清古籍 753 种 13 775 册，善本 42 种 1 071 册，入选第二批《国家珍贵古籍名录》1 部 12 册。此外，海南师范大学图书馆还设有上海科技查新咨询中心海南分中心。

（3）海南医学院图书馆。1993 年经中华人民共和国教育委员会批准成立，隶属海南省人民政府主管，是海南省唯一的一所省属公办普通高等医学院校。学校设有临床医学、基础医学、药学 3 个一级学科硕士学位授权点，涵盖 3 个一级学科所属二级学科 46 个专业，本科层次开设有医学、理学和管理学 3 个学科门类 27 个专业（含方向），专科层次具备招生资格的专业有 21 个；拥有国家特色专业建设点 2 个、国家临床重点专科建设项目 1 个、国家中医药管理局中医药重点学科 1 个。有省级重点学科（含医学重点学科）8 个。[①] 2009 年建成的新图书馆馆舍面积达 3.4 万平方米，截至 2012 年 10 月 31 日，其馆藏文献总量为 814 941 册，其中纸质文献 51 万余册、电子图书 26 万余册、可供检索的超星电子图书 100 万册、中外文现刊 1 444 种（含电子期刊）、中外文数据库 20 余个、自建数据库 5 个，其中正在建设的海南热带医药文献数字资源库将为我国乃至国际医学界研究热带医学、热带病、热带药用资源等提供重要参考。海南医学院图书馆已经成为全省医药卫生科技文献的信息服务中心，海南省科技厅和国家卫生部确认的医药卫生科技项目查新咨询单位。[②]

（4）琼州学院图书馆。琼州学院是中国最南端唯一的一所由海南省政府和三亚市政府共建的全日制综合性应用型省属本科院校，1993 年由海南省通什师范专科学校和海南省通什教育学院合并组建为琼州大学（专科）。2006 年琼州大学升格为本科院校，更名为琼州学院。有旅游管理专业硕士（MTA）点和 39 个本科专业、18 个专科专业，涵盖了文学、理学、工学、管理学、法学、历史学、农学、教育学、艺术学等 9 个学科门类。有省级重点扶持、培

---

① 海南医学院简介 . http：//www. hainmc. edu. cn/webapps/about/hyjj/.

② 海南医学院图书馆简介 . http：//inf. hainmc. edu. cn/About/About. asp.

育学科 4 个，省级特色专业 5 个。[①] 三亚校区图书馆 2013 年年底落成，馆舍面积达 32 000 平方米。馆藏书刊总量为 161.983 1 万册，其中纸质图书为 127.705 8 万册、电子图书为 34.277 3 万册。[②]

（5）海南省教育科研数字图书馆。2009 年 9 月 30 日，数字图书馆在海南大学图书馆挂牌成立，同时，省内的海南大学、海南师范大学和海南医学院等 17 所全日制高校的图书馆作为其分馆也挂牌成立，搭起了“总馆—分馆”实体架构。海南省教育科研数字图书馆（即总馆）使用超星区域性数字图书馆系统建立了总馆数字信息管理与服务平台，建立了网站，同年 11 月 23 日正式运行。海南省教育科研数字图书馆的成立，搭建了省、校两级文献保障体系，实现了省域高校文献资源的共建共享。

此外，海南高校图书馆可共享中国高等教育文献保障系统（China Academic Library & Information System，简称 CALIS）、中国高校人文社会科学文献中心（China Academic Social Sciences and Humanities Library，简称 CASHL）、国家科技图书文献中心（National Science and Technology library ，简称 NSTL）和上海图书馆丰富的中外文文献资源。

国家科技图书文献中心（National Science and Technology library，简称 NSTL）与 CALIS 合作于 2012 年 3 月正式开通“NSTL 文献传递服务（高校版）”，高校读者可通过部署在本校的 CALIS 馆际互借系统，利用本校的图书馆用户账号，即可享受 NSTL 拥有的文献资源，享受 CALIS 项目经费提供的费用补贴。NSTL 拥有丰富的科技类外文文献资源，印本外文文献 26 000 多种，其中外文期刊 17 000 多种、外文会议录等8 000多种。此外，还有 NSTL 订购且面向中国大陆学术界用户开放的国外网络版期刊（现刊 700 多种、回溯期刊 1 500 多种），NSTL 与中国科学院及 CALIS 等单位联合购买且面向中国大陆部分学术机构用户开放的国外网络版期刊、中文电子图书、网上开放获取期刊和 NSTL 报告等。全文请求服务在用户发出请求的 24 小时（加急服务为 12 小时）内处理完毕，遇国家法定节假日服务周期顺延。[③] 2011 年 11 月，CALIS 与上海图书馆开通馆际借书服务，在高校范围内开展了很好的服务。

从上可看到，海南四所本科高校的图书馆收藏的文献学科门类齐全、层次高，中外文文献资源丰富，内容涵盖哲学、经济学、法学、文学、理学、农学、工学、管理学、艺术学、医学等 10 大门类，可以保障人们对中文文献的需求和对部分外文文献的需求；通过共享 CALIS、CASHL、NSTL 三大文献

---

① 琼州学院 . http：//www. qzu. edu. cn/v5/jianjie/xyjj. html.

② 琼州学院图书馆概况 . http：//lib. qzu. edu. cn/Bggk. asp.

③ 海南省教育科研数字图书馆． http：//210. 37. 32. 18/portal/index. jsp.

中心资源，能保障人们对外文文献的需求。海南公共图书馆与高校图书馆建立联盟，具有重要的作用，可惠及全省民众。

8.8.2 联盟建设

海南图书馆联盟建设是进一步保障海南省民众对文献信息需求的一项重要举措，省图书馆协会和省图书馆要积极推进此项工作，当前应探索如下工作：一是省图书馆与海南大学图书馆、海南师范大学图书馆、海南医学院图书馆联盟建设工作，以保障省会城市经济社会文化发展、科学研究对文献的需求；二是三亚市图书馆与琼州学院图书馆联盟建设工作，以保障三亚区域经济社会文化发展、科学研究对文献的需求；三是儋州市图书馆与海南大学儋州校区图书馆联盟建设工作，以保障儋州—洋浦经济文化发展、科学研究对文献的需求；四是研究联盟间开展的服务项目、服务规章制度制定、服务收费标准等。可先开展参考咨询、文献传递、科研项目查新咨询和馆际互借，然后逐步推进其他服务项目。

8.9 推动海南省图书馆立法，保障图书馆事业健康发展

8.9.1 图书馆立法的重要性

新中国成立60多年来，特别是改革开放以来，我国公共图书馆事业有了长足发展。但是，与图书馆事业发达的国家相比，与人民群众对公共图书馆的需求相比，与公共图书馆在整个文化建设中应有的地位、作用相比，差距依然很大。缺少必要的法律保障是制约我国公共图书馆事业发展的最主要原因之一，这是业内广泛的共识。在法治社会，一项事业的持续稳定发展，不能寄托在领导者个人的认识水平和觉悟程度上，最终必须走法治的道路：首先追求有法可依，在此基础上强调有法必依。就公共图书馆事业来说，靠法律的权威和力量来保证其健康发展尤为重要。①

中国图书馆学会副理事长、中国国家图书馆副馆长陈力在中国图书馆学会第七届理事会高层访谈录中谈道：当前图书馆行业面临的最大问题是立法的问题。在这里立法主要有两层含义：一方面通过立法规范图书馆的服务。由于方方面面的原因，图书馆在服务方面、在保障公民公平获取信息的权利方面都受到很大的影响，立法不仅仅是保护图书馆行业，更重要的是保护这个行业服从于读者的利益。如果不是这样，图书馆就和一般的商业信息提供商没有什么区别，所以应该通过立法来规范图书馆的服务，保证图书馆有条件、有能力来为读者提供服务，这是图书馆界面临的最大的一个问题。另一方面，通

---

① 杨玉麟等.《公共图书馆法》立法基础与必要性研究. 中国图书馆学报，2010（2）：9，13.

过立法规范政府的行为。我国的图书馆事业发展是不平衡的，当然这与我们国家经济发展的不平衡互相关联。图书馆在很多地区的发展不尽如人意，而通过立法，能够规范政府的行为，使政府加大对图书馆的投入。图书馆事业本来就是政府应该承担起的责任，政府不能够回避。图书馆作为一个公益性的事业，政府应该在资金上有所保障。另外要通过立法来保障图书馆事业的顺利发展。① 因此，图书馆界的专家学者都在积极推进国家层面的图书馆立法工作。

8.9.2 国内图书馆立法状况

新中国的图书馆立法工作始于2001年。当年，由文化部牵头正式启动了《中华人民共和国图书馆法》的制定工作。同年4月，文化部在天津市召开“图书馆法专家座谈会”，标志着新时期图书馆立法工作的开始。随后，由于各种原因而陷入停顿。2005年9月，文化部牵头成立了两个高规格的与图书馆立法有关的临时性小组，一是由文化部部长孙家正任组长的图书馆立法领导小组，一是由相关部委司处级领导组成的图书馆立法工作小组。以这两个小组的成立为标志，新时期图书馆立法工作得以重新启动。② 2006年9月，国家发布了《国家“十一五”时期文化发展规划纲要》，指出：“立足我国国情，借鉴国外有益经验，加快文化立法步伐，抓紧研究制定非物质文化遗产保护法、图书馆法、广播电视传输保障法、文化产业促进法、电影促进法和长城保护条例”。③

2008年11月18日，文化部在北京市召开了《公共图书馆法》立法工作会议，经过广泛征求意见并慎重研究考虑，明确了“图书馆法”的制定从研究制定《公共图书馆法》做起。这次会议还决定由中国图书馆学会和国家图书馆牵头，协调和组织全国的力量，首先对《公共图书馆法》将要涉及的基本问题和重要制度展开支撑研究，为法律的框架体系设计和条文起草提供思想、理论、学术、方案等方面的支撑。2009年1月初，中国图书馆学会2009年新年峰会在北京召开，会议专题讨论、部署了《公共图书馆法》立法支撑研究事宜④，积极推动、促进了公共图书馆的立法进程。

我国的地方性图书馆立法的步伐走在国家图书馆立法的前面。以1985年

---

① 姜火明．中国图书馆学会第七届理事会高层访谈录．图书馆论坛，2005（6）：6.

② 李国新．中国图书馆法治建设：现状与问题．图书馆建设，2007（6）：10.

③ 国家“十一五”时期文化发展规划纲要（摘要）．http：//www.gov.cn/gongbao/content/2006/content_431834.html.

④ 于良芝等．公共图书馆建设主体研究——全覆盖目标下的选择．北京：国家图书馆出版社，2011.1.

6月7日贵州省人民政府颁布的《贵州省县级图书馆工作条例》为标志，目前国内已有深圳、内蒙古、湖北、北京、上海、河南、广西、浙江等13个省（自治区）市制定颁布了地方性图书馆法规和规章（见下表），这些法律规章的出台，对当地图书馆事业的发展起到了积极的保障和促进作用。

地方性公共图书馆法律规章目录

名称	颁布部门	颁布日期
深圳经济特区 公共图书馆条例（试行）	深圳市人大常委会	1997.7.15
内蒙古自治区公共图书馆管理条例	内蒙古自治区人大常委会	2000.8.6
湖北省公共图书馆条例	湖北省人大常委会	2001.7.27
北京市图书馆条例	北京市人大常委会	2002.7.18
贵州省县级图书馆工作条例	贵州省人民政府	1985.6.7
上海市公共图书馆管理办法	上海市人民政府	1996.11.28 （2002年修订）
河南省公共图书馆管理办法	河南省人民政府	2002.7.23
浙江省公共图书馆管理办法	浙江省人民政府	2003.8.6
乌鲁木齐市公共图书馆管理办法	乌鲁木齐市人民政府	2008.3.21
山东省公共图书馆管理办法	山东省人民政府	2009.4.24
天津市、县图书馆工作条例	天津市文化局	1986.5.24
天津市市、区、县少年儿童 图书馆工作条例	天津市文化局	1986.5.24
江西省公共图书馆服务标准	江西省文化厅	2008.11.11
上海市公共图书馆行业服务标准	上海市文化广播影视管理局	2009.3.26
图书借阅服务规范 （山东省地方标准）	山东省质量技术监督局	2008.12.4
广州市图书馆条例（征求意见稿）		2007年10月 发布征求意见
江苏省公共图书馆管理办法 （征求意见稿）		2009年1月 发布征求意见

注：引自杨玉麟.《公共图书馆法》立法基础与必要性研究。

上表中为图书馆立法的有经济发达地区，也有经济欠发达地区。海南省的经济欠发达，图书馆事业发展滞后，要适应海南公共文化服务发展、实现普遍均等、惠及民众的公共图书馆服务体系建设，更应通过立法来加速、保障图书馆事业的发展。

8.9.3　海南图书馆立法

海南有省级立法权和经济特区立法权。海南建省办经济特区后，省人大常委会相继制定了30个社会事业相关法规，促进了教育、科技、文化等社会事业发展，维护社会稳定，构建和谐海南。时任海南省省委书记卫留成曾明确指出："拥有特区立法权是海南发展的最大'优惠政策'，特区立法权就是先行试验权，就是优先发展权、改革创新的主动权，必须高度重视，全力用好。"①

海南省人大常委会副主任、省人大法制委员会主任委员毕志强说："从我省地方立法的情况来看，随着经济建设的不断发展，省人大常委会紧密围绕省委关于大力改善民生、推进基本公共服务均等化的重大决策，加大社会领域立法力度，努力解决老百姓最关心、最直接、最现实的利益问题。"② 海南图书馆界要抓住这一有利机遇，呼吁、推动海南图书馆立法，争取早日出台海南图书馆管理条例或管理办法，为海南图书馆事业的改革创新与可持续发展，为实现以服务人口设置布局图书馆、实现总分馆制管理提供支持与保障。

海南图书馆立法要借鉴发达国家或地区的图书馆立法经验、借鉴国内各地省市图书馆立法经验与实施情况，结合国内公共图书馆事业发展、《用地指标》、《建设标准》、《公共图书馆服务规范》、省内经济社会发展进行科学制定。其法规内容一般应包括以下方面：

（1）公共图书馆的性质、地位和社会职能，各级公共图书馆的发展定位、职责。

（2）公共图书馆的管理与服务，尤其是少年儿童图书馆管理与服务。

（3）公共图书馆的建设主体与标准。明确市（县级）、县区域公共图书馆服务体系的建设主体是省、市县二级政府，地级市公共图书馆服务体系的建设主体是市区二级政府。图书馆设置布局要以服务人口来规划。

（4）明确规定市、县区域公共图书馆实行总分馆制，总馆负责管理整个区域图书馆的文献采集、人员管理、服务工作。

（5）公共图书馆读者的责任与义务。

（6）图书馆文献资源的保障建设。

（7）公共图书馆人员编制、人员结构、业务素质、业务职称、待遇等各

① 魏如松．探索创新铸就法治新丰碑——海南立法23年系列报道．海南人大，2011（6）：46，50.

② 魏如松．地方立法让社会更和谐．海南日报，2011－04－22.

方面的问题。明确公共图书馆的人员编制、准入条件、业务职称、待遇以及馆长的职责、条件、任免程序等。

（8）公共图书馆的经费及其来源。由于公共图书馆的经费来源直接关系到整个公共图书馆事业的兴衰成败，也是公共图书馆生存和发展的命脉，因此，必须明确规定公共图书馆的经费来源主要是省市县财政拨款，经费必须列入财政预算且随财政收入增加而增长，专款专用，不得挪用等。

（9）各项管理制度及违约处罚。

（10）省图书馆协会权利与义务。

（11）高校图书馆对社会服务的问题。

参考文献

1. 李国新．图书馆制度支撑社会和谐发展的重要基石．人民日报，2006－01－13.

2. 汪东波．公共图书馆概论．北京：国家图书馆出版社，2012.

3. 邱冠华，于良芝，许晓霞．覆盖全社会的公共图书馆服务体系：模式、技术支撑与方案．北京：北京图书馆出版社，2008.

4. 程焕文．图书馆的价值与使命．图书馆杂志，2013（3）.

5. 吴建中．转型与超越：无所不在的图书馆．上海：上海大学出版社，2012.

6. 范并思．建设一个信息公平与信息保障的制度——纪念中国近代图书馆百年．图书馆，2004（2）.

7. 蒋永福，李京．信息公平与公共图书馆制度．国家图书馆学刊，2006（2）.

8. 蒋永福．现代公共图书馆制度研究．北京：知识产权出版社，2010.

9. 李国新．公共图书馆是图书馆事业的旗帜．公共图书馆，2010（1）.

10. 赵以安．国外图书馆战略规划中的信息技术．图书馆学研究，2012（20）.

11. 赵兰英，余传诗．播洒文明的“第二起居室”——上海图书馆新馆巡礼．光明日报，2001－02－15.

12. 吴建中．新常态 新指标 新方向（2012年中国图书馆年会主旨报告）．图书馆杂志，2012（12）.

13. 王世伟．公共图书馆是什么．公共图书馆，2010（1）.

14. 王世伟．当代全球图书馆事业面临的难题与挑战．中国图书馆学报，2008（1）.

15. 王世伟．上海市中心图书馆的十年发展与未来愿景．图书馆杂志，2011（1）.

16. 匡丽娜．重庆图书馆打造市民的“第二起居室”．重庆日报，2011－10－21.

17. 吴建中．21世纪图书馆新论（第二版）．上海：上海科学技术文献出版社，2003.

18. 柯平．重新定义图书馆．图书馆，2012（5）．

19. 杭州图书馆打造“第三文化空间”．图书馆学报，2012－02－17.

20. 吴建中．浅谈21世纪图书馆发展趋势．图书馆杂志，1997（1）．

21. 吴建中．开放 交流 合作——国际图书馆发展大趋势．中国图书馆学报，2013（3）．

22. 李国新．公共文化服务体系建设中的图书馆．图书馆研究与工作，2010（3）．

23. 海南年鉴（2011）．海口：海南年鉴社，2011.

24. 2010年第六次全国人口普查主要数据公报（第1号）．http：//www. chinanews. com/gn/2011/04－28/3004638. shtml.

25. 牛志平等．海南文化史．海口：海南出版社、南方出版社，2008.

26. 张红霞，詹长智．图书馆在拯救消亡文化之旅中的努力．数字图书馆论坛，2007（10）．

27. 王晓樱，魏月蘅．海南黎锦应在保护中走向产业化．光明日报，2009－07－20.

28. 孔见．挖掘海南本土文化矿脉．海南日报，2007－07－04.

29. 罗保铭．坚持科学发展 实现绿色崛起 为全面加快国际旅游岛建设而不懈奋斗——在中国共产党海南省第六次代表大会上的报告（2012年4月25日）．http：//www. hainan. gov. cn/data/news/2012/05/154314/.

30. 赵丽．攻坚阶段海南扶贫开发的路径． http：//www. hnskl. net/Item. aspx？ id＝670.

31. 关于海南中部地区扶贫开发工作的调查与思考．http：//fpb. hainan. gov. cn/fpb/sfpb2/fpdy/201203/t20120305_ 622222. html.

32. 海南省城乡经济社会发展一体化总体规划（2010—2030年）．http://wenku. baidu. com/view/f9dd3f7a5acfa1c7aa00cc9c. html？ pn＝50NaNNaNNaN.

33. 张欣毅．公书林清话（下）．图书馆理论与实践，2012（10）．

34. 海南省志·文化志．海南史志网，http：//www. hnszw. org. cn/data/news/2011/12/51308.

35. 潘燕桃．近60年来中国公共图书馆思想研究（1949—2009）．广州：中山大学出版社，2011.

36. 地方志书·市县志．海南史志网，http：//www. hnszw. org. cn/web/news/dfzs. php？ Class＝65&Deep＝2.

37. 地方志书·市县志·海口市志．海南史志网，http：//www. hnszw. org. cn/web/news/zssk. php？ Class＝100&Deep＝3.

38. 戴开明．海口图书馆简介．图书馆论坛，1992（1）．

39. 海南省各市县公共图书馆建设成就．http：//www. hilib. com/jiansh-eng/ShowArticle. asp？ArticleID =330.

40. 五指山市图书馆概况．http：//www. hilib. com/jiansheng/ShowArti-cle. asp？ArticleID =333.

41. 昌江县志．海南史志网，http：//www. hnszw. org. cn/data/news/2011/01/48238/.

42. 杨威胜，蔡勃．把图书馆建成学习型社会的文化中心——三亚图书馆开馆前后工作纪实．图书馆理论与实践，2004（4）．

43. 琼中县图书馆概况．http：//www. hilib. com/jiansheng/ShowArticle. asp？ArticleID =349.

44. 陈文．无私的奉献　闪光的丰碑——海南省琼海华侨图书馆建馆纪实．图书馆论坛，1993（3）．

45. 琼山区图书馆概况．http：//www. hilib. com/jiansheng/ShowArticle. asp？ArticleID =356.

46. 地方志书・市县志・东方县志．海南史志网，http：//www. hnszw. org. cn/data/news/2011/12/51364/.

47. 儋州新图书馆请百姓来命名．http：//www. dzlib. cn/news/？34_592. html.

48. 海口图书馆简介．http：//www. haikoulib. com/fuwu/jianjie. asp.

49. 定安县图书馆概况．http：//www. hilib. com/jian sheng/ShowArticle. asp？Article ID =333.

50. 地方志书・市县志・定安县志．海南史志网，http：//www. hnszw. org. cn/data/news/2011/08/49759.

51. 地方志书・市县志・澄迈县志．海南史志网，http：//www. hnszw. org. cn/data/news/2011/51108.

52. 昌江黎族自治县图书馆概况．http：//www. hilib. com/jiansheng/Show Article. asp？ArticleID =340.

53. 周伟民．蓄珍藏宝的文昌市图书馆．今日海南，1999（2）．

54. 海南省图书馆概况．http：//www. hilib. com/Article/ShowArticle. asp？ArticleID =75.

55. 海南省图书馆成为全国公共图书馆讲座联盟核心成员馆．http：//www. hainan. gov. cn/data/news/2010/02/96112/.

56. 全国文化信息资源共享工程介绍．http：//www. ndcnc. gov. cn/gongche ng/jieshao/201212/t20121212_ 495375. htm.

57. 国家数字图书馆通过文化共享工程网络系统服务公众 . http：//www. ndcnc. gov. cn/tushuguan/zoujin/201301/t20130114_529034. htm.

58. 我省文化信息资源共享工程实现县乡村服务网络全覆盖 . http://www. hainan. gov. cn/hn/yw/zwdt/tj/201209/t20120905_771216. html.

59. 海南文化信息资源共享工程 8 年扎根基层 . http://www. hq. xinhuanet. com/news/2011 -07/19/content_23270580. htm.

60. 全国文化信息资源共享工程海南省分中心 . http：//www. hilib. com/Article/ShowArticle. asp？ ArticleID =181.

61. 海南省文化共享工程建设情况及存在的问题 . http：//www. doc88. com/p -087655439875. html.

62. 文化部、财政部关于印发《“公共电子阅览室建设计划”实施方案》的通知 . http：//www. ndcnc. gov. cn/fagui/fagui/201303/t20130311_ 591321. htm.

63. 海南省文化广电出版体育厅转发文化部办公厅关于做好公共电子阅览室技术平台建设工作的通知 . http：//xxgk. hainan. gov. cn/hi/HI0109/201302/t20130220_ 910452. htm.

64. 数字图书馆推广工程 . http：//www. ndlib. cn/.

65. 海南建成“数字图书馆推广工程”虚拟专网． http://www. ccnt. gov. cn/whzx/qgwhxxlb/hainan/201303/t20130329_416438. html.

66. 徐涟．中华古籍保护计划启动．中国文化报，2007 -03 -01.

67. 海南省古籍普查工作开始全面实施 . http：//www. hilib. com/whxc/ShowArticle. asp？ ArticleID =647.

68. 李佳飞，李婧．保护海南古籍，所有人的责任．海南日报，2012 -12 -10.

69. 海南省人民政府公布《第一批海南省珍贵古籍名录》和“第一批海南省古籍重点保护单位名单” . http：//www. hilib. com/whxc/ShowArticle. asp?ArticleID =1834.

70. 海南省人民政府副省长王路主持召开会议审议《第一批海南省珍贵古籍名录》和“海南省古籍重点保护单位名单” . http：//www. hilib. com/whxc/ShowArticle. asp？ ArticleID =1807.

71. 朱厅长在海南省图书馆协会第一次会员代表大会上的讲话 . http：//www. lsc. org. cn/c/cn/news/2009 -03/26/news_ 2949. html.

72. 朱强．北京大学图书馆的历史、现状与展望．大学图书馆学报，2012（6）．

73. 王珏．公共图书馆，难题还不少．人民日报，2013－07－25.

74. 周和平．以免费开放为契机　全面提升我国图书馆公益性服务水平．中国图书馆学报，2011（3）．

75. 李国新．立足新变化　突破新问题　推动县级公共图书馆持续发展——第三届百县馆长论坛主旨发言．图书与情报，2010（4）．

76. 王超．公共文化服务体系建设环境下经济欠发达地区县（区）图书馆可持续发展研究——以陕西省为例．西北大学硕士学位论文，2009.

77. 李国新．《中国图书馆员职业道德准则》解说．中国图书馆馆员职业道德准则．北京：北京图书馆出版社，2003.

78. 李冕斌，欧阳美林．海南地方文献收集整理现状分析与对策．图书馆学研究，2013（10）．

79. 何卜吉．海南地方文献书目提要．海口：海南出版社，三环出版社，2008.

80. 海南省民族学会．http：//res. hersp. com/content/1587017.

81. 陈耿．追寻海南历史文化的盛举："海南地方文献丛书"出版的前前后后．海南日报，2007－08－11.

82. 文化部关于公布第五次公共图书馆评估定级上等级图书馆名单的通知．http：//zwgk. mcprc. gov. cn/auto255/201311/t20131113_30260. html.

83. 公共图书馆服务规范．中国图书馆学报，2011（3）．

84. 中共中央办公厅，国务院办公厅．国家"十一五"时期文化发展规划纲要．新华网，http：//news. xinhuanet. com/politics/2006－09/13/content_5087533. htm.

85. 中共中央办公厅、国务院办公厅关于加强公共文化服务体系建设的若干意见．中国文化产业网，http：//testcnci. cnci. gov. cn/2009/6/15/law－0102040000－548. shtml.

86. 中共中央关于深化文化体制改革　推动社会主义文化大发展大繁荣若干重大问题的决定．http：//news. xinhuanet. com/politics/2011－10/25/c_ 122197737. htm.

87. 尚庄．从国家公共文化服务体系示范区（项目）创建看公共图书馆的发展路向．"西北地区图书馆事业的创新与发展"会议，2012.

88. 王世伟．关于《公共图书馆服务规范》编制的若干问题．中国图书馆学报，2011（3）．

89. 杨玉麟等．《公共图书馆法》立法基础与必要性研究．中国图书馆学报，2010（2）．

90. 李国新，冯守仁，鹿勤．公共图书馆规划与建设标准解析．北京：国家图书馆出版社，2009.

91. 王世伟．《公共图书馆服务规范》的编制及其特点论略．国家图书馆学刊，2012（2）．

92. 文化部关于印发《全国公共图书馆事业发展“十二五”规划》的通知．中华人民共和国文化部政府信息公开，http：//59. 252. 212. 6/auto255/201302/t20130205_ 29554. html.

93. 李丹等．新起点 新视野 新任务——第五次全国公共图书馆（成人馆部分）评估定级标准解读．中国图书馆学报，2013（2）．

94. 王世伟．论智慧图书馆的三大特点．中国图书馆学报，2012（6）．

95. 高虹．我省“信息智能岛”规划出炉——敲定两个阶段建设目标、九大主要任务．海南日报，2010 - 06 - 21.

96. 海南国际旅游岛建设发展规划纲要（2010—2020）．海南日报，2010 - 06 - 21.

97. 中共海南省委、海南省人民政府关于加快推进文化改革发展的决定（2010 年 10 月 29 日）. http://www. hainan. gov. cn/data/news/2010/11/116150/.

98. 海南省人民政府关于印发海南省基本公共服务均等化重点民生项目发展规划 2011—2015 年）的通知 . http：//www. hainan. gov. cn/data/hnzb/2011/12/2150/.

99. 吴洪珺，倪晓建．面向普遍均等服务的公共图书馆管理体制探析——以北京市公共图书馆为例．图书情报工作，2011（1）．

100. 周德明．关于上海市公共图书馆服务体系建设与完善的思考．图书馆杂志，2007（5）．

101. 余子牛．图书馆无特区——深圳图书馆之城建设侧记．高校图书馆工作，2010（4）．

102. 深圳市“图书馆之城”统一服务被授予广东省特色文化品牌 . http：//www. szln. gov. cn/lib/news/768. do.

103. 于良芝，邱冠华，许晓霞．走进普遍均等服务时代：近年来我国公共图书馆服务体系构建研究．中国图书馆学报，2008（3）．

104. 陈力．关于我国公共图书馆事业发展若干问题的思考．中国图书商报，2012 - 08 - 28.

105. 李国新. “总分馆”建设的最大障碍是体制障碍——《覆盖全社会的公共图书馆服务体系：模式、技术支撑与方案》读后．图书馆建设，2008（9）．

106. 邱冠华等．公共图书馆的设置与体系建设研究．中国图书馆学报，

2010（2）.

107. 邱冠华．宝岛台湾的公共图书馆设置与体系管窥．新世纪图书馆，2011（2）.

108. 彭飞．台湾地区公共图书馆事业见闻与思考．图书馆，2012（1）.

109. 王嘉陵．台湾地区的公共图书馆服务．四川图书馆学报，2012（5）.

110. 罗小红．爱上图书馆——访问台湾公共图书馆之行．深图通讯，2005（2）.

111. 曹桂平．台湾乡镇图书馆建设的经验和启示．图书馆杂志，2011(11).

112. 公共图书馆设立及营运基准．http：//www. ntl. edu. tw/public/Data/9101613473771. pdf.

113. 张维．台湾地区公共图书馆馆员甄选与任用制度研究．新世纪图书馆，2012（8）.

114. 王永喜．加强海南省高校图书馆建设之我见．大学图书馆学报，1995（3）.

115. 徐国定．关于海南省高校图书馆状况及对策的思考．大学图书馆学报，1995（5）.

116. 符华儿．坚持协作共建，注重整体发展——海南省高等学校图书馆网络化数字化建设．现代图书情报技术，2003（2）.

117. 黄玉华，王永喜，苏文，安邦建．海南高校图书馆网络环境下馆际互借服务模式的特点．大学图书馆学报，2005（5）.

118. 李冕斌．海南省高校图书馆地方文献数据库建设实践．高校图书馆工作，2010（6）.

119. 钟哲辉，安邦建．海南省高校图书馆事业概况．中国图书馆年鉴(1999)．北京：北京图书馆出版社，1999.

120. 安邦建．十年磨砺　成果卓著（1995—2005年）——海南省本科院校图书馆整体评估总结．海南图讯，2006（1）.

121. 海南省高校图书馆工作委员会2005年学术交流总结．海南图讯，2005（1）.

122. 詹长智．中国图书馆学会成立高校图书馆分会——海大图书馆和海医图书馆当选理事单位．海南图讯，2005（1）.

123. 詹长智．海南省高校图书馆工作委员会2005年工作报告．海南图讯，2006（1）.

124. 李国新，冯守仁，鹿勤．公共图书馆规划与建设标准解析．北京：

国家图书馆出版社，2009.

125. 邱霈恩．调整与完善基本公共服务范畴内公益事业发展的财政机制．行政管理改革，2010（3）.

126. 于良芝等．公共图书馆建设主体研究——全覆盖目标下的选择．北京：国家图书馆出版社，2011.

127. 吴慰慈，董焱．图书馆学概论．北京：国家图书馆出版社，2008.

128. 中国国家数字图书馆东莞分馆签约仪式在东莞图书馆举行．http：//www. nlc. gov. cn/newsyzt/gtxw/200809/t20080927_ 7155. htm.

129. 中国国家数字图书馆广西分馆签约暨西部援助赠书仪式举行．http：//www. nlc. gov. cn/dsb_ zx/gtxw/201201/t20120116_ 58160. htm.

130. 束漫．公共图书馆服务研究．北京：国家图书馆出版社，2009.

131. 《全国地市级公共文化设施建设规划》正式印发．http：//www. gov. cn/gzdt/2012 －02/07/content_ 2060392. htm.

132. 海口 4 个区文化馆选址确定　今年底开建明年使用．http：//tour. hinews. cn/2013/0907/137051. html.

133. 李国新．我国公共图书馆事业进一步发展的突破口——县级图书馆的振兴与乡镇图书馆的模式．图书馆，2005（6）.

134. 文化部关于做好《公共图书馆服务规范》宣传贯彻工作的通知．http：//www. nlc. gov. cn/tbw/bzwyh_ yjzx04. htm.

135. 菲利普·吉尔主持的工作小组代表公共图书馆专业委员会．公共图书馆服务发展指南．林祖藻译．上海：上海科学技术文献出版社，2002.

136. 翟鸿翔．行业协会发展理论与实践．北京：经济科学出版社，2003.

137. 国家发展计划委员会等．国民经济行业分类与代码．http：//www. jincao. com/fa/09/law09. 27. c. htm.

138. 王明慧，蒋永福．关于在我国实施图书馆行业管理制度的理论思考．大学图书馆学报，2011（3）.

139. 顾烨青．图书馆学会与图书馆协会之辨及其思考——写在中国图书馆学会成立三十周年之际．图书馆，2009（6）.

140. 宋飞，徐跃权．对我国图书馆行业协会建设的研究述评．图书馆学研究，2011（24）.

141. 姜火明．中国图书馆学会第七届理事会高层访谈录．图书馆论坛，2005（6）.

142. 肖红凌．图书馆行业协会建设研究．图书馆学研究，2007（2）.

143. 全国首家图书馆行业协会成立．新华书目报，2005－12－05.

144. 方小苏．美国图书馆事业的发展走向——以《美国图书馆协会 2015 战略规划》为视点．图书馆建设，2011（10）．

145. 李峰，任一．协会组织在公共治理体制中的定位思考．天津行政学院学报，2009（2）．

146. 秋禾．知识惠东莞 莞城书香浓．图书馆杂志，2006（8）．

147. 裴永刚．“大阅读”活动的发展历程及特点分析．大学图书馆学报，2013（2）．

148. 中宣部文化部国家教委等九部委联合颁发关于在全国组织实施“知识工程”的通知．河南图书馆学刊，1997（2）．

149. 关于开展 2003 年“全民读书月”活动的通知．http：//xxk. lsc. org. cn/c/cn/news/2006 –04/26/news_ 462. html.

150. 息慧娇．“第十次全国国民阅读调查”成果发布．http：//www. chuban. cc/yw/201304/t20130419_ 140027. html.

151. 张玉胜．全民阅读立法如何消除“阅读危机”．http：//opinion. people. com. cn/n/2013/0805/c/003 –22444431. html.

152. 王传真，璩静．十年，涵养一个书香的深圳．http：//www. szsky. com/article –60505 –1. html.

153. 王京生．城市，因阅读而改变．深圳特区报，2011 –04 –22.

154. 韩文嘉．全民阅读让深圳赢得尊重．深圳特区报，2013 –11 –18.

155. “热爱读书的城市”已成为深圳的名片．http：//news. sina. com. cn/o/2013 –11 –01/084028591399. shtml.

156. 有读书习惯的人只有 5% 代表建议设立读书节．http://www. hainan. gov. cn/data/news/2007/02/26335/.

157. 黄晶，黄智，符弘茜．首届海南书香节开幕．海南日报，2009 –03 –05.

158. 书香椰韵 魅力海南：关于第 23 届全国图书交易博览会的总结报告．http：//nanhai. hinews. cn/zt/tsblh_ page. php？xuh =27000.

159. 陈智慧．关于海南开展全民阅读推广活动的十点建议．新教育，2013（4）．

160. 中国拟立法促全民阅读 专家称应规范公共图书馆建设．http：//www. ccdy. cn/cehua/2013ch/lifa/news/201308/t20130813_ 730956. htm.

161. 范并思．拓展图书馆未成年人阅读服务．图书与情报，2013（2）．

162. 王世伟．基于数据信息的公共图书馆发展分析与展望．图书情报工作，2013（5）．

163. 魏大威．数字图书馆的科学规划与发展探析——国家数字图书馆的探索与实践．图书馆理论与实践，2013（4）．

164. 居延安．公共关系学导论．上海：复旦大学出版社，2008.

165. 于群，李国新．公共图书馆业务培训指导纲要．北京：北京师范大学出版社，2012.

166. 严向东．美国图书馆协会公共关系初探．国家图书馆学刊，2013（1）．

167. 霍瑞娟，吴悦．美国公共图书馆的儿童优先服务实践．图书馆工作与研究，2013（3）．

168. 武吉虹，赵谓炯．世纪之初我国少年儿童图书馆事业发展概况．晋图学刊，2009（4）．

169. 周媛．2012 年中国图书馆学会东莞年会《全国公共图书馆儿童优先服务倡议书》发布．贵图学刊，2012（4）．

170. 杨德祥．当前国外图书馆发展模式前沿和启示．山东图书馆学刊，2011（3）．

171. 海南大学学科建设．http：//www. hainu. edu. cn/STM/home2013/SHTML_ liebiao. asp@ bbsid = 4628. shtml.

172. 海南大学图书馆概况．http：//library. hainu. edu. cn/bggk. html.

173. 海南医学院简介．http://www. hainmc. edu. cn/webapps/about/hyjj/.

174. 海南医学院图书馆简介．http：//inf. hainmc. edu. cn/About/About. asp.

175. 琼州学院．http：//www. qzu. edu. cn/v5/jianjie/xyjj. html.

176. 琼州学院图书馆概况．http：//lib. qzu. edu. cn/Bggk. asp.

177. 海南省教育科研数字图书馆．http：//210. 37. 32. 18/portal/index. jsp.

178. 杨玉麟等．《公共图书馆法》立法基础与必要性研究．中国图书馆学报，2010（2）．

179. 李国新．中国图书馆法治建设：现状与问题．图书馆建设，2007（6）．

180. 魏如松．探索创新铸就法治新丰碑——海南立法 23 年系列报道．海南人大，2011（6）．

181. 魏如松．地方立法让社会更和谐．海南日报，2011 - 04 - 22.

后　记

我长期在海南师范大学图书馆工作，从事过图书分类与编目、读者服务、信息检索与参考咨询、计算机管理和图书馆管理工作。长期的工作，使我与图书馆结下了深深的情结，并为之去努力探索。2011 年，我担任海南省图书馆协会副秘书长后，开始关注海南省公共图书馆，思考、研究海南省公共图书馆的发展问题。《公共图书馆发展研究：以海南省公共图书馆为例》一书，就是近年来我对海南省公共图书馆研究的一些思考，也是我主持的 2014 年度海南省哲学社会科学规划课题“公共文化服务视角下海南公共图书馆发展对策研究”（项目编号：HNSK14－133）的研究成果之一，并获得“2014 年度海南师范大学学术著作出版项目”（项目编号：ZZ1424）资助。

本书在撰写过程中，得到了海口图书馆罗昌华副馆长的真诚帮助，为我提供了有关海南省公共图书馆的调查数据（2012 年底调查数据），得到了海南师范大学肖少北教授的热情帮助，得到了我的家人、朋友、同行的关心和支持，参阅了相关专家、学者和同行的论文论著，使我的著作得以顺利完成，借此一并表示诚挚的感谢！

公共图书馆是图书馆事业的旗帜，是城市教室、大众书房、人民的终身学校、第三文化空间，是学习型社会的重要支撑机构。如果离开了公共图书馆，民众就无法找到一个可以自由进出、免费享用的公共书刊借阅场所，免费上网的信息查询空间。因此，海南省公共图书馆的建设与发展需要更多的图书馆人去关注、思考、研究、探索与践行，需要更多的社会力量、社会人士以及读者去关心和支持。由于本人学识有限，书中必定存在许多不足之处，有许多问题还有待进一步的探讨和研究，我期望能得到更多有益的意见，更多的人将这个课题继续研究下去，同时，期待海南图书馆界去探索与实践，推动海南省公共图书馆事业的跨越式发展，造福海南人民。

李冕斌

2014 年 6 月 16 日于海南师范大学